图书在版编目（CIP）数据

中国武备志．典籍里的旗帜之美 / 北斗北著、绘
. -- 北京 : 中信出版社 , 2022.1
ISBN 978-7-5217-3621-2

Ⅰ．①中… Ⅱ．①北… Ⅲ．①兵法—中国—古代—图集②军旗—中国—古代—图集 Ⅳ．① E892-64 ② J522

中国版本图书馆 CIP 数据核字（2021）第 197181 号

中国武备志——典籍里的旗帜之美

著　　绘：北斗北
出版发行：中信出版集团股份有限公司
（北京市朝阳区惠新东街甲4号富盛大厦2座　邮编　100029）
承 印 者：北京雅昌艺术印刷有限公司

开　　本：710mm × 1000mm　1/16　　插　　页：12
印　　张：14.75　　字　　数：130千字
版　　次：2022年1月第1版　　印　　次：2022年1月第1次印刷
书　　号：ISBN 978-7-5217-3621-2
定　　价：138.00元

推荐语

弘扬武备文化，培养尚武精神。

——程宝山 中将 原第二炮兵副政委

这本书意在挖掘、整理民族军事瑰宝，传播、弘扬中国传统文化，培养、激发国人尚武精神，其做法可敬可佩！

——李景文 少将 中国人民解放军26集团军原政委

《武备志》是明代重要的综合军事著作，这部百科全书式的兵书，显示了我国在军事上巨大的影响力。从兵诀到战略，从阵法到兵器，记录了千百年来的军事实践成果。本书以《武备志》旌旗部分为基础，为白描图样赋予色彩及纹样，让千年前的军旗跃然纸上，生动、唯美，也诠释了不同旗帜的意义。今日读者得以从中重新发现旗帜之美。旗帜，是象征，也是灵魂，该系列书以“旗帜”作为开篇，意义非凡！

——张召忠 少将 中国人民解放军国防大学原军事后勤与军事科技装备教研部副主任

凡冲锋陷阵，旗手自当先。旗帜下面牺牲的人是最多的，当年先辈们令人感动，值得铭记。

——吴京 导演、演员

读完《中国武备志》，应北斗北工作室何钒先生的要求写一段推荐语，这让我忐忑了很久。惭愧于自己这些年浮躁生活的同时，竟然有人如此守着一份初心砥砺前行，踏踏实实做着一件有意义的事情。《中国武备志》是属于世界“武备迷”的一席饕餮之宴，也是一部久违的匠心之作。大力推荐！

——曹盾《长安十二时辰》导演

北斗北工作室通过出版本书演绎《武备志》精神，用绚丽的色彩复原了史料里只有黑、白、灰的武备旗帜，这是对中国传统军事文化的一次全新挖掘与整理，可以让今天的读者感受到历史的色彩。

——郭帆《流浪地球》导演

推荐序

朋友送来北斗北的作品《中国武备志——典籍里的旗帜之美》，读后忍不住想聊聊明代兵书《武备志》。

我国古代兵学典籍，卷帙浩繁，汗牛充栋。由军事家和兵书著述家茅元仪编纂的《武备志》，则是兵学宝库中规模最大、篇幅最多、内容最全面的兵学巨著，被史家誉为古典兵学的百科全书。它是在明代后期，东南沿海外患丛生、北方游牧民族不断向明廷挑战的严峻军事形势下，由编著者在总结历代兵学成就的基础上，针对当时军事斗争的需要编纂成书的。

《武备志》的作者茅元仪，在明万历二十二年（1594）出生于浙江归安。在家庭的熏陶下，茅元仪自幼勤奋好学，博览群书，尤其喜读兵、农之作。成年后又熟谙军事，胸怀韬略，对长城沿线的“九边”之险关、要塞，都能口陈手画，了如指掌。

正当茅元仪立志报国之时，东北建州女真族崛起，其首领努尔哈赤于万历四十四年（1616），在赫图阿拉（今辽宁新宾）建立后金政权，自称金国汗，建元“天命”。两年后以“七大恨”为借口，兴师攻明，辽东战火纷飞，战乱屡起。明廷阉党弄权，国运衰落，军队战斗力低下，战败的消息纷纷传来，举国为之震惊。茅元仪于焦急忧愤之时，发奋著书立说，刻苦钻研历代兵法理论，将多年搜集的战具、器械资料和治国平天下的方略，辑成《武备志》，于天启元年（1621）刻印。

茅元仪的《武备志》在保存中国古代军事文化方面具有十分重要的价值。其一，茅元仪的《武备志》收录了部分濒临失传的武器使用方法。在《阵练制》中，茅元仪收录了各种刀、剑、棍等武器的使用方法，同时以口诀和图像辅助，这种图文并茂的解说方式，使后人在理解传统武器使用技法上能够减小误差，更好地传承中国古代兵法。其二，茅元仪的《武备志》保存了大量边疆和民族的相关史料，这些史料在《占度载》一篇中尤为集中。明朝末年北方边患日益严峻，使茅元仪对明朝与游牧族群的军事冲突格外重视，他对北方九大边镇和朵颜三卫等军事部落的记载十分详细，为后世认识明末的北方军事防线提供了重要的参考。其三，茅元仪的《武备志》收录了《郑和航海图》，为中国航海史的史料保存做出了突出的贡献。作为军事家的茅元仪，身处内忧外患的明朝，能够敏锐地觉察到中国社会潜藏的军事危机，对北方边患和流民起义问题都有着十分深刻的认识。《武备志》的编纂对明朝末年的军事建设具有很强的实用意义，其中一些理论放在今天也是适用的。

北斗北编撰的《中国武备志》系列丛书，意在挖掘、整理民族军事瑰宝，传播、弘扬中国传统文化，培养、激发国人尚武精神，其做法可敬可佩！传统文化的学习传播任重道远，祝愿《中国武备志》系列丛书越办越好！

李景文 少将

中国人民解放军 26 集团军原政委

序

2015年春，我如往常整理杂乱无章的资料时，无意间看到扫描版的明代刻版《武备志》，已不知是哪位朋友何时相赠，阅读一二，感觉是部难啃的大部头，并未细读便束之高阁。后来三番五次想起翻阅，也权当古代军事图谱欣赏，只觉饶有趣味，但并未予以重视。

在后来几年的工作中，我时常接触并学习传统文化的内容，感受到了其中的魅力。加之泛文娱大时代的到来，我切切实实体验到传播媒介的力量，心中起念，若能把这些有趣的传统文化用年轻化的方式传播出去，岂不快哉！

这一念，让我想起了《武备志》。

国之大事，在祀与戎。武备对于中国历代王朝统治的重要性毋庸置疑。我细读《武备志》，发现它除了包含跟军事直接相关的内容，还处处展现了古人对天文地理的分析理解，多学科交织以及设计方法论跃然纸上。我查看了多方面学者的研究，发现它确实是大部头！各方面武备专家只研究其中一二便费尽心思，甚至耗其一生，几千年发展的集大成之作岂是吾等黄毛之辈便可习得的？当初豪情壮志想传播《武备志》的幼稚想法让自己惭愧不已，几乎想要放弃。

感恩其间遇到几位恩师前辈，鼓励我砥砺前行，用新一代人的新角度、新眼光，和所处时代的优势去传播这些珍贵的传统文化。诚惶诚恐之下与团队再次执笔，以图像化的表达手法，参考学习各方面专家学者的研究资料后，才编撰出这本册子。

旗，语者；帜，魂者。

作为《中国武备志》系列丛书的第一本，本书以《武备志》中《军资乘》这一章节中的军旗为依据，用文字和图像的方式加以演绎，阐述了作为军魂和军事管理语言的旗帜在古代武备中的样式和作用。本书虽耗费两年半时间才得以完成，但所表述的内容也只是明代《武备志》全书中五大章节之一的一小部分，明代《武备志》全书之浩瀚于此可见一斑。一念即一愿，希望我对中国传统文化的热爱和弘扬它的心愿能在此书中彰显一二，让更多的读者和爱书之人对传统文化产生兴趣，兴趣就是最好的传播土壤。

在成书过程中，我得到多位老师、前辈的支持和指点，中央美术学院教授杭海先生，多次对此书的逻辑给予重要指点；《中国武备志》系列丛书策划人王津先生及小天下团队对本书的出版事宜给予了莫大的支持和帮助；北斗北团队的何凤婷、王子骄、刘涛、王未来、李辰、孟洋、毛程浩、杨子义、黄凯莉等为此书的编撰倾注了巨大心血；中信出版集团对本书高度关注，使我完成出版此书的心愿……凡此种种，不一而足。

传统文化的学习和传播任重而道远，时代是土壤，更是缘分，望能借缘结缘，把《中国武备志》系列丛书做下去。在此我诚挚地感谢促成此书出版的所有人与事，包括当年赠予我明代刻版《武备志》电子文档的有缘人。

何钒

2021年8月10日于北京

目录

《武备志》

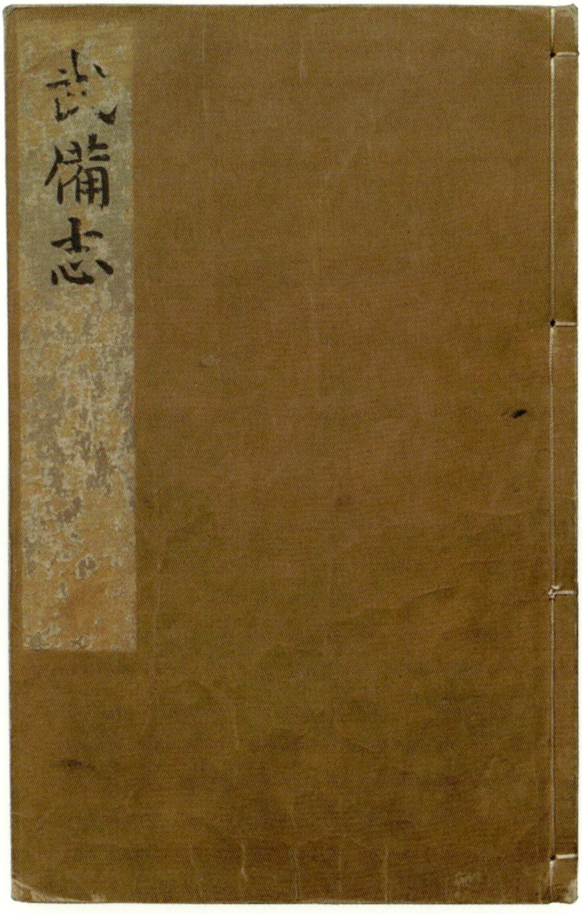

《武备志》是由中国明末军事家茅元仪，先后汇集2 000余种兵书，历时15年完成的一部大型军事百科全书，也是中国古代字数最多的一部综合性兵书。全书共计240卷，约200万字，配图730余幅，图文并茂，生动形象。

目前展示的版本是明天启元年刻，清初莲溪草堂（汪允文）修补本。一共分为五部分：《兵诀评》《战略考》《阵练制》《军资乘》《占度载》。

《兵诀评》，共18卷，主要汇集历代的兵学典籍并摘录其重要内容，包括《孙子兵法》《吴子兵法》《司马法》等。作者在摘录时会针对一些问题给予简要的点评。

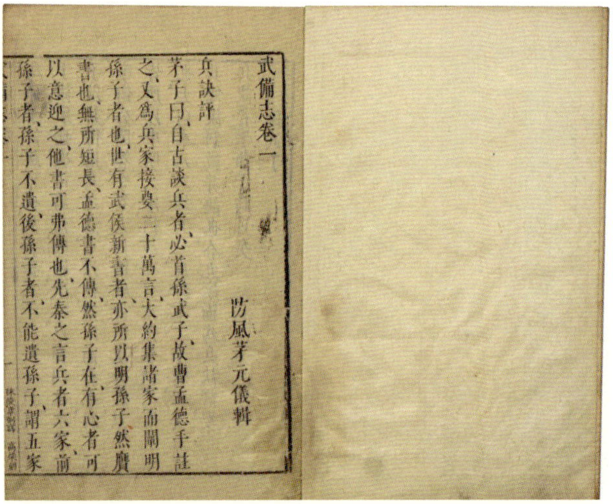

《战略考》，共33卷，按照时间顺序，选录了从春秋到元代等朝代带有战略价值的600余个案例。作者在重要的地方均有点评，让读者了解战争的谋略，能有所借鉴，古今通用。

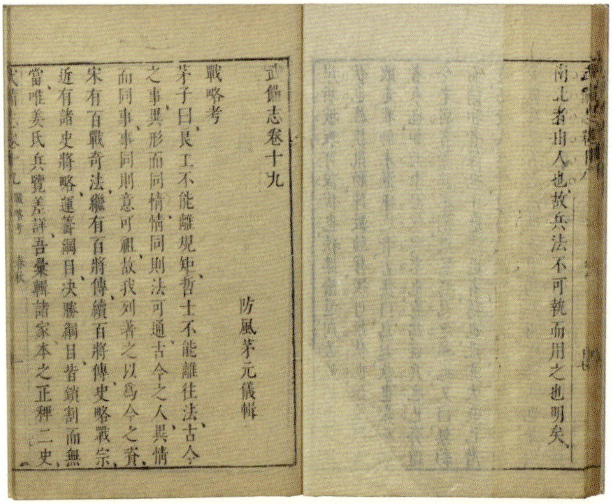

《阵练制》，共41卷，主要围绕《阵》和《练》两部分展开。《阵》主要记载西周至明代的各种阵法；《练》详细记录了选兵练兵的方法，包括选士、编伍、悬令赏罚、教旗、教艺这五部分。

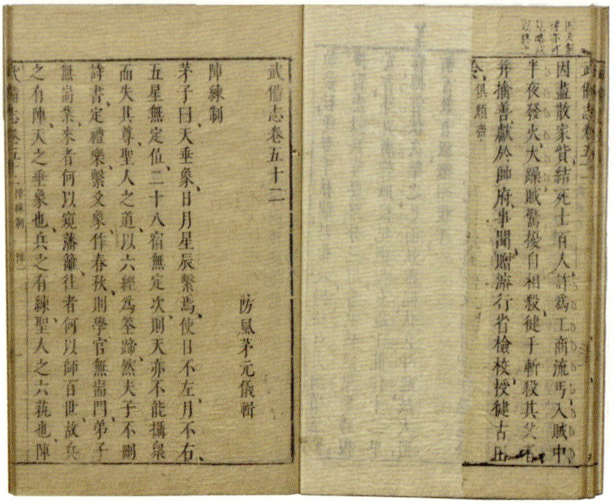

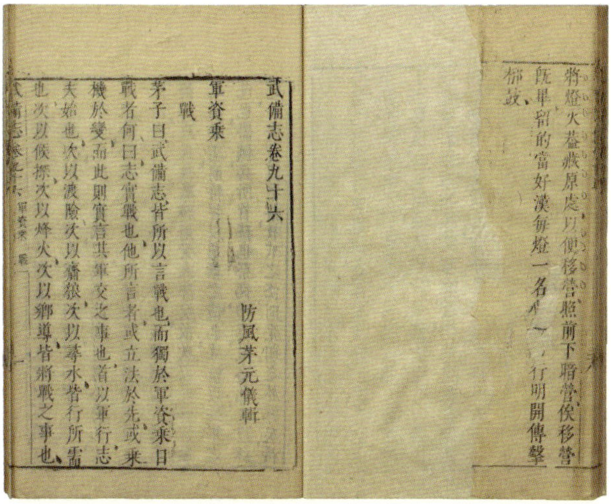
武備志卷九十六
軍資乘
戰
防風茅元儀輯
茅子曰武備志皆所以言戰也而獨於軍資乘曰戰者何曰志實戰也他所言者武立法於先或乘機於變而此則實言其事交之事也首以軍行志夫始也次以渡險次以齋粮次以尋水皆行所需也次以侯探次以烽火次以郷導皆將戰之事也

將燈火蓋藏原處以便移營照前下賠營侯移營既畢留的當奸漢每燈一名……打明開傳擊梆鼓

《军资乘》，共55卷，主要由《营》《战》《攻》《守》《水》《火》《饷》《马》八部分组成，其中收录的军用物资资料详细完备，内容广泛。从攻守器械、火器火药、车马战船到粮饷米盐均有详细记载，堪称古代军用物资大全。

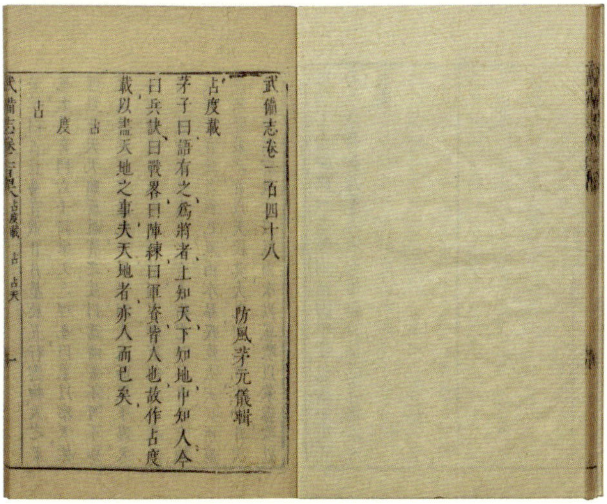
武備志卷一百四十八
占度載
防風茅元儀輯
茅子曰語有之為將者上知天下知地中知人今曰兵訣曰戰畧曰陣練曰軍資皆人也故作占度載以盡天地之事夫天地者亦人而已矣
占
度
占

《占度载》，共93卷，分为《占》和《度》两部分。《占》主要是观测天象，记录数据。该部分记载了占天、占日、占月、占星、占云气、占风雨、占风、占蒙雾、占虹霓、占霞、占雷电、占雨雹、占霜露、占冰雪、占五行、太乙庙算、太乙阴阳遁局、奇门玄览、奇门遁甲符应经纂、六壬直指、六壬军帐赋、六壬兵帐钩玄、六壬兵占、杂占、选择、厌禳这些种类繁多的占验。《度》主要记载方舆、镇戍、海防、江防、四夷、航海，还详细记录了明代的地理形势、险关要塞、海陆敌情、卫所部署、兵马驻防、督抚监司、将兵配额、兵源财赋等内容。

旗帜说明书

本书主要讲述的是古代军用旗帜，出自《武备志·军资乘》里《战》这一章节，以下围绕旗帜的功能展开进一步的说明。

旗帜与政治、军事的发展有着紧密的联系。旗帜最初源于图腾崇拜，后来应用在军事上，成为一个部队乃至一个国家的标志。随着历史的发展，旗帜使用的场合和方式不断增加，但主要功能仍体现在两大方面：政治功能和军事功能。

一、政治功能

旗帜代表着一个国家的形象与权威，随着朝代的更替，统治者会沿用前朝遗留的部分旗帜，并创造新的旗帜，同时重新划分和确认旗帜的等级。

因此，旗帜的政治功能主要体现在旗帜的象征意义上。象征，就是通过旗帜作为物质载体，使用有形的事物来表达无形的观念，并寄托深刻的寓意。随着不同朝代的建立，统治者创造出具有独特含义的符号、文字、图案等，将其应用于旗帜上，并严格制定等级制度，利用其强化统治。

二、军事功能

旗帜在军事中发挥着重要作用，不仅代表着军队的形象，也能有效地辅助军事管理。

古人在长期的战争实践中，摸索出了一套使用旗帜进行沟通管理的语言体系，其中蕴含着古人创造旗帜的智慧，如以旗帜的制式区分身份等级，根据旗帜挥动的方向接收信号，以旗色对应方位指引士兵等。

旗帜在军事应用中，最初是用于标识不同的身份等级，在历朝历代的发展中，其指挥、传递信息等功能也逐渐出现，让古代军事的指挥系统变得更加完善。旗帜的军事功能划分为四种：标识功能、指挥功能、传输功能、祭祀功能。

1. 标识功能

旗帜是军队里最重要的视觉标志之一，代表不同的军阶、军种等。随着军队数量的增加，军队管理者为了方便营与营、队与队之间的管理，使用旗帜划分等级，如认旗便是用于标识不同身份的旗帜，士兵通过识别旗帜来确认军阶的上下级关系，也可以快速找到自己所属的队伍。

2. 指挥功能

在古代战场上，通信系统不发达，军事指令难以清晰传达，旗帜作为重要的指挥工具，发挥重要作用。如金鼓旗，是旗手配合金鼓声挥动旗帜，通过视觉、听觉信息指挥大军进军或收兵。

3. 传输功能

旗帜作为传递信息的载体，是解决古代行军作战中沟通问题的重要手段。它可以传递信号，如塘报旗，是通过挥动旗帜向通信兵传达敌情。

4. 祭祀功能

祭旗仪式属于军中重要的祭礼仪式，主要为行师祭。行师祭是在出征作战前举行的祭祀仪式，按照皇帝亲征和遣将出征分成不同的祭祀规模。随着祭旗仪式的发展，旗纛庙也作为一种固定的祭祀场所，应运而生。五方神旗便是祭旗仪式中的主角之一。

随着现代通信技术的发展，如今大部分旗帜已成为历史长河中的剪影，但古代军旗所蕴含的先人智慧仍一直影响着后世。

武备旗帜制造指南

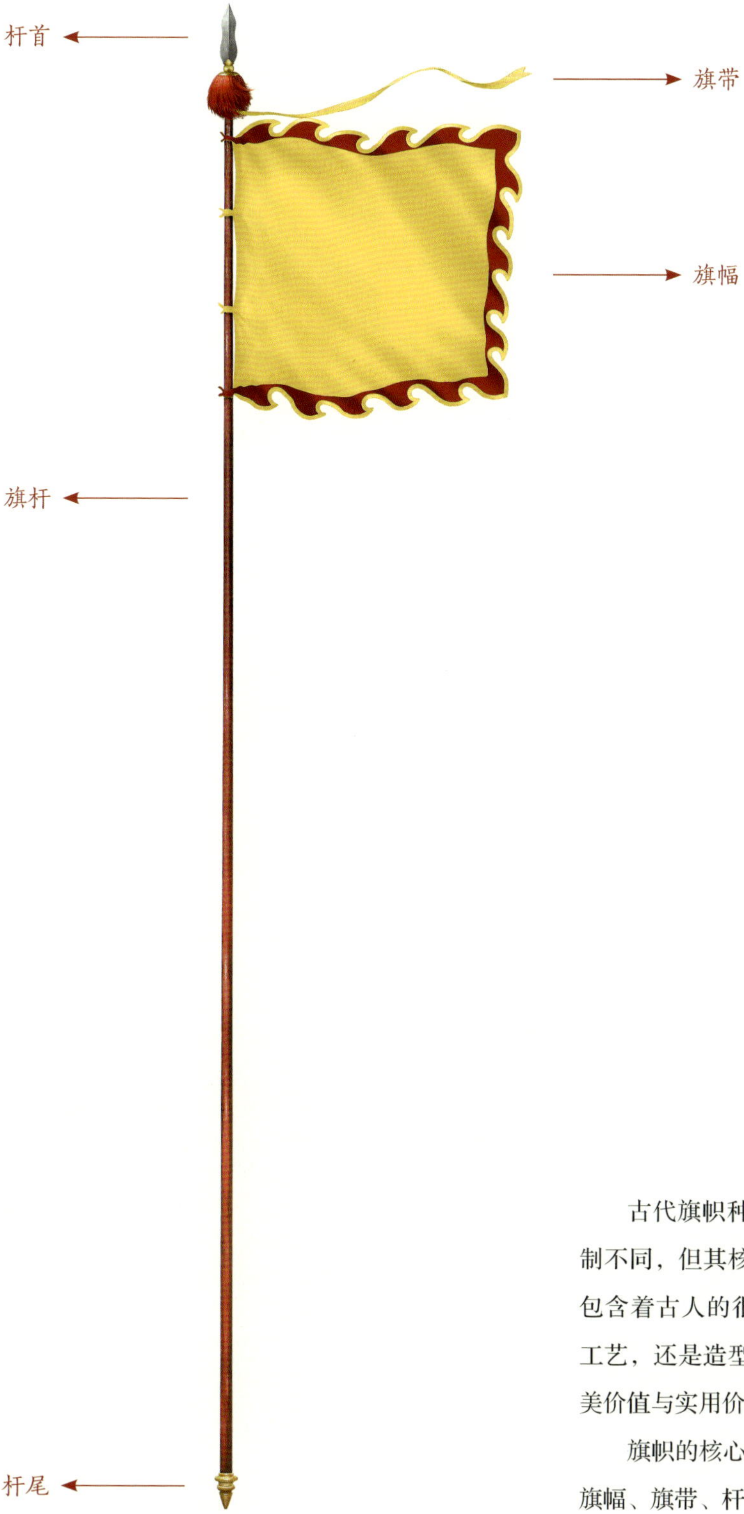

古代旗帜种类繁多，功能各异，形制不同，但其核心结构大致统一。其中包含着古人的很多巧思，无论是材料、工艺，还是造型设计，都兼具极高的审美价值与实用价值。

旗帜的核心结构主要由旗杆、杆首、旗幅、旗带、杆尾五部分组成。

旗杆

旗杆用于支撑和悬挂旗帜，其高度受旗帜等级影响，一般情况下，旗帜等级越高，则旗杆越高。

旗杆一般由质地坚硬的稠木制作而成。为了让旗杆更稳固地支撑旗帜，杆尾较粗，向上至杆首逐渐变细。周长以成年男性的手刚刚合握为佳，还要根据旗杆的实际高度再调整。待旗杆的长度和周长确定后，刷上颜料和防水防腐的桐油，以增强旗杆的耐用性。因为长枪在选材以及制作工艺上都与旗杆相似，所以据《武备志》记载，长枪也可以作为旗杆使用。

旗杆示例 —— 木质

杆首

杆首示例 —— 把总认旗

杆首示例 —— 雉尾

旗杆的顶端为杆首，常由木头、金属、动物羽毛组成，基本形态为木葫芦、枪首和雉尾三种。旗帜等级不同，其装饰物也有所不同，从高到低分别为雉尾、木葫芦、枪首。

1）雉尾，也就是雉鸡或雉鸟的尾羽。过去，人们会把动物作为守护神来崇拜，雉鸟象征着生命和灵动，雉鸡象征着忠诚、廉洁。因此古人用雉尾作为最高身份等级的杆首装饰物。

2）木葫芦，通常用质地柔软、稳定性较强的木材制作而成。将其雕刻成葫芦的形状，进行抛光处理，刷上颜料和防水防腐的桐油。葫芦与“福禄”谐音，常被当作吉祥物，有着趋吉避凶的寓意，为较高身份等级的杆首装饰物。

杆首示例——木葫芦

3）枪首，主要使用铜铁、木头制作而成。枪首的外观设计与对应的身份等级有着严格的规定，等级越高的枪首装饰性越强，如“主将号旗”的枪首，为对称波折、五对内弧、五对尖刺；“中军坐纛”的枪首，为葫芦形且带有一对倒钩。等级越低的枪首，越是简单实用，如“队长认旗”的枪首，为枪头尖、枪脊高、枪刃薄，实用性强，可用于作战防卫，为最低身份等级的杆首装饰物。

杆首示例——枪首——主将号旗、中军坐纛、队长认旗

当军阶日益增多，杆首装饰物的种类越发繁多，不同的华丽程度彰显着不同的身份等级——装饰物越多越华丽，等级就越高。装饰物的等级从高到低分别为珠络、凸箍、缨穗。

杆首示例——珠络

1）珠络，由珍珠编制而成的装饰物，以细长鱼丝为线，把珍珠串连起来。常罩于缨穗之外。

杆首示例——凸箍

2）凸箍，是围绕于骹首处向外凸起的一层铜或铁制金属圈，有花瓣形、环形、葫芦形等形状，与杆首牢固地连接在一起。骹，指的是杆首与旗杆之间的连接部件。骹口的周长要比旗杆顶部稍大，到骹首位置逐渐变细，有助于固定。还有尺寸较宽的顶盖式凸箍，形状与帽顶相似，能放置更多装饰物，如珠络。其中，珠络则是呈网状挂在其边缘处。

杆首示例——缨穗

3）缨穗，是系在杆首骹口处与旗杆金属骹口处之间的穗状装饰物。缨穗可追溯到秦汉时期，当时帝王的车上使用牛的尾毛作为装饰物。后来的朝代也延续这种传统，将马或牛的尾毛，通过植物染色处理制作成不同颜色的缨穗。缨穗除了被应用于旗帜的杆首作为装饰物，也被应用于长枪、长刀、长戟等长兵器的杆首作为装饰。

旗幅

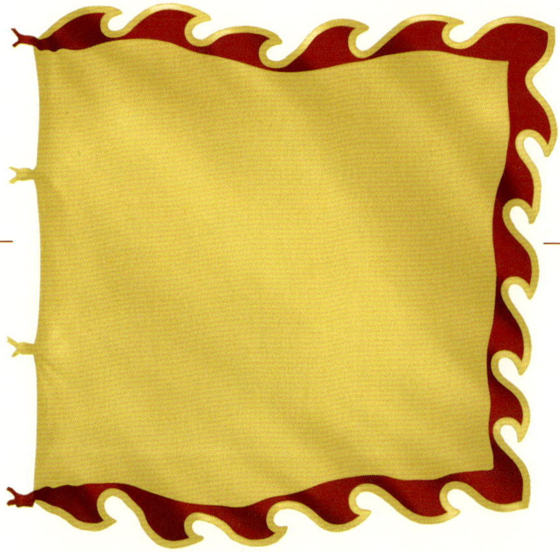

旗幅

旗幅，本义指旗面伸展时边缘到旗杆的长度，后来用以指代旗面。旗幅左侧有几条细长的带子，用于将旗面捆绑在旗杆上。旗幅由旗心和旗边构成，形状通常为方形、梯形、长条形，不同的尺寸和形状分别对应着不同的等级，较低等级的旗幅没有旗边，中等等级的旗幅会以火焰形状的旗边作为装饰。长条形的旗幅称为幡，属于较高等级的旗幅。而最高等级的旗幅，其尺寸在众多旗幅中最大，称为纛。

旗幅是旗帜的核心部分，主要由颜色、图案、文字、符号这四种元素组成。

旗幅示例——幡

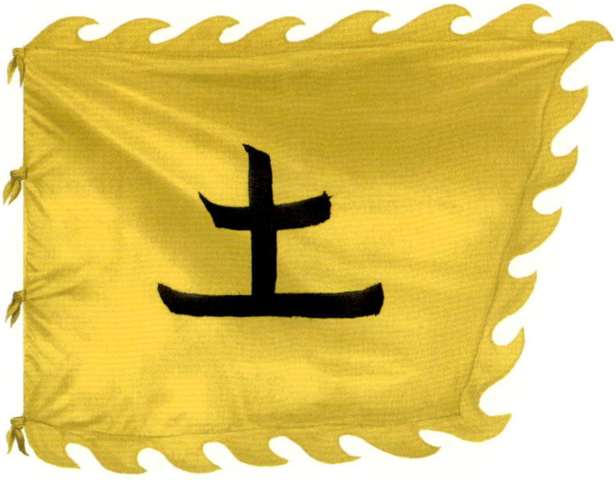

颜色示例 —— 黄 —— 土 —— 中央

1）颜色，是构成旗幅的基本要素，所有旗帜的旗色都遵循五色、五行、五方位学说。五色为白、蓝、黄、黑、红；五行为金、木、土、水、火；五方位为西方、东方、中央、北方、南方。五色、五行、五方位三者有相互对应的关系：

白——金——西方

蓝——木——东方

黄——土——中央

黑——水——北方

红——火——南方

颜色示例 —— 五色、五行、五方位

五色有正色与间色之分。正色指单一纯色，间色为两种颜色搭配。在实际应用中，有些旗心与旗边被设定为相生色，遵循五行五色相生学说。如“大五方旗”，颜色对应五行相生的关系分别为：

木生火——蓝配红

火生土——红配黄

土生金——黄配白

金生水——白配黑

水生木——黑配蓝

颜色示例 —— 火生土 —— 红配黄

2）图案，是构成旗幡的重要图样。很多图案创作源于古人对云纹、神将、瑞兽的崇拜，以及对生活的观察、感悟和想象。这些图案的寓意在于趋吉避凶、昭示祥瑞，寄托着古人对生活的美好向往，也展示出中国特有的吉祥文化。

图案示例 —— 云纹

图案示例 —— 神将

图案示例 —— 瑞兽

文字示例 —— 金鼓

3）文字，是构成旗幅的重要元素之一。一方面，文字能明确标识相应的军阶，如“主将认旗”的旗幅绣有“三军司命”四字；另一方面，文字能直观表达旗帜的指挥功能，如“金鼓旗”的旗心绣有“金鼓”两字。旗帜带有的文字之所以浅显易懂，是为了能够提高军队之间传递信号的效率。

符号示例 —— 卦象

4）符号，也是旗幅的重要元素。它是带有特殊意义的标记，这些符号反映了古人的传统信仰，如“八卦旗”的八卦符号，“二十八宿真形旗”的星宿符号等。

旗带

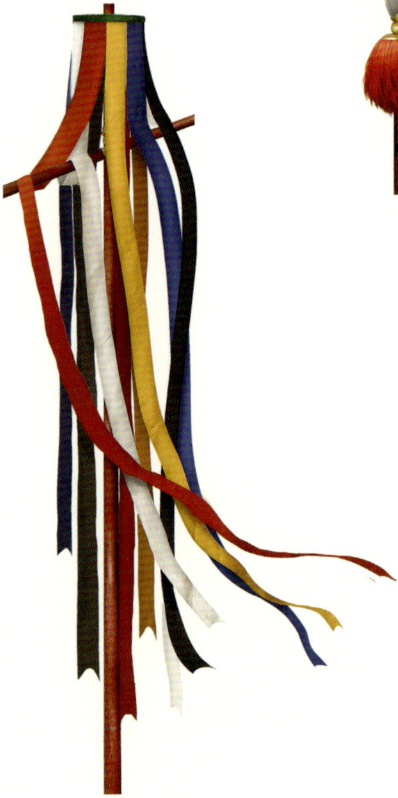

旗带示例 —— 中军坐纛

旗带示例 —— 把总认旗

旗带示例 —— 主将认旗

旗带示例 —— 五方转光旗

不同的旗帜有不同的飘带，本书统一称之为旗带。旗带由于旗帜华丽程度的不同，而在形制上也有所不同。较低等级的旗帜没有旗带，如“队长认旗”；中等等级的旗帜增加黄色旗带，如“把总认旗”；较高等级的旗帜配有五色火焰形状的旗带，如“五方转光旗”；而最高等级的旗帜配有五色长条旗带，如“主将认旗”“中军坐纛”。

杆尾

杆尾示例 —— 铁质

杆尾示例 —— 铜质

旗杆的尾部是旗帜的主要承重点，易磨损，所以古人用金属铜或铁来制作成"镦"，它能稳固地套在旗杆底部，用以保护杆尾。镦体内镂空，形状从镦首到镦尾逐渐变细，尾部呈尖锐状，能让旗帜更好地固定在地面上。另外，镦在战场上也可以用作武器攻击敌人。

旗帜作为古代重要的武备之一，处处反映了古人对器物形制、用途、尺度、审美的娴熟把握和融会贯通的造物理念，这便是《武备志》留给后人的珍贵宝藏。

清道

清道旗

『清道开路　畅行无阻』

清道旗

清道旗二面，军行持众之前，以清途路。操习则遇掌号笛，执在马路，引官哨队至将台，听发放毕，仍领送官哨队回营。旗杆长八尺，用木葫芦，或葫芦上加以枪头亦可。旗方四尺，蓝色，边用红色。

——《武备志》卷九十九

《军资乘》，战四，旌旗一，第六页

清道开路，畅行无阻

在古代，大军出征或官员仪仗出行时道路拥堵怎么办？在没有完善的交通法规和标志的年代，官员仪仗队为了出行顺利，通常由一名小吏走在队伍最前方，敲锣喝令行人让路。官员出行仪仗规模较小，鸣锣开道尚可，但对于大军出征或者紧急的军事行动而言，鸣锣嘈杂且传达范围较小。于是，古人就想到以旗开路，清道旗由此诞生。

清道旗旗幅选用蓝红两色搭配，旗心为蓝，旗边为红，旗心中央绣以“清道”二字，色彩醒目鲜明，远眺亦能清晰达意。以清道旗示民号军，民可自觉避让，军可行进有序。

军队常配备数名清道旗旗手，听令于哨官，对军队行进开路负责。行军前，清道旗旗手将实地勘探行军线路，分析路况，记录地形，逐一上报。行军时，由清道旗旗手在队首持旗开路，旗手需驱散大军行进路线方圆三里的行人、牲畜，民众望见清道旗也会自觉避让。清道旗旗手还要维持队伍秩序，务必确保通行时肃静，不得大声喧哗，军队整齐有序，以示军威。操习时如遇军令传递，旗手将沿指定路线，引领哨官、队

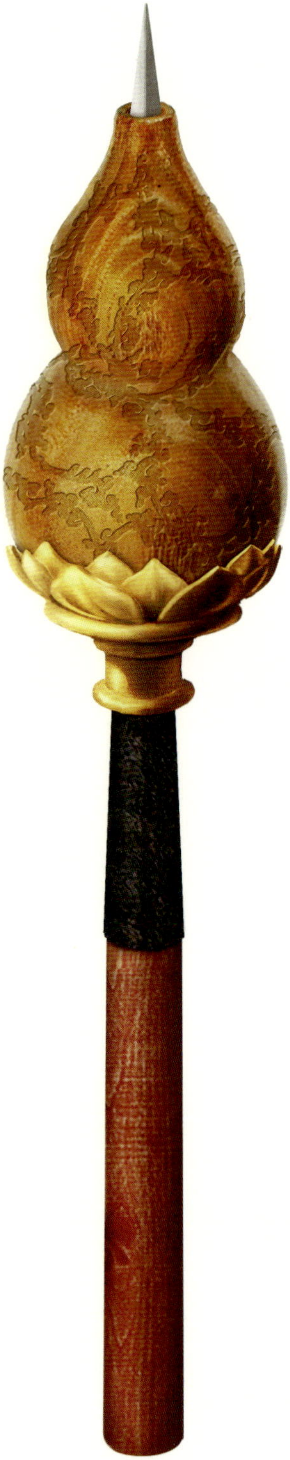

杆首及旗杆整体

木葫芦

凸箍

旗杆

杆尾

枪首

杆首剖面图

长等军官到将台听候军令。获悉军令后，军官也将在清道旗旗手的引领下返回队伍。对于行军当中的特殊情况，如遇传令人员递交急报，或与其他军队交汇，清道旗旗手需迅速前往中军禀报，再由中军派人禀告主将。以这些方式，清道旗便能在行军中发挥清道开路、维护行军秩序的功能。

金木水火土

五方旗

『金木水火土　东西南北中』

五方旗，金木水火土五面，各照方行之色。此乃出征之旗，代转光旗之用也。杆用长枪杆，旗照字色，边同本旗之色，庶纯而可远瞭。方五尺，不用彩画。黑旗上用白绢为字，余皆黑字。旗头用枪头，以便出征，轻洁色纯，不混众目。

——《武备志》卷九十九
《军资乘》，战四，旌旗一，第十九页至第二十一页

西方——金——白旗

东方——木——蓝旗

金木水火土，东西南北中

古代没有现代这样先进的信息技术，战场局势又瞬息万变，如果没有一目了然的视觉语言代替军情和行动号令来加以传播，必将延误军机。在浩浩荡荡的古代战场要求快速且准确传递信息的需求下，军事旗语便诞生了。而在这些复杂的旗帜语言中，极具东方哲学特点的五行学说，以一种简洁且千变万化的语言体系影响着军事行动的方方面面，古人将五行与军情、军令相联系，创造了“五方旗”，也称之为“五行旗”。而五行与五色，也就是“白、蓝、黄、黑、红”两相搭配。

如果行军时遇敌军，而兵器为金属制成，以兵器代表敌军，与“金”相关，五方旗旗手会举对应五行中“金”元素的白旗；如果前锋部队遇到茂密树林并被挡住去路，树与“木”相关，旗手会举对应“木”元素的蓝旗；如果遭遇敌军火攻，火攻与“火”相关，这时就要举对应“火”元素的红旗；如果行军至湖泊、河流附近，与“水”相关，就举对应“水”元素的黑旗；如果前方为广阔平地，且没有发生突发状况，旗手指挥军队安全通过，因平地与“土”相关，就举对应“土”元素

中央——土——黄旗

北方——水——黑旗

的黄旗。诸如此类，五行所对应的语言千变万化，军队会用自己约定俗成的语言系统准确打出旗语联络全军。

五方旗以枪为杆，杆首饰以缨穗，旗幅含“白、蓝、黄、黑、红”五色，五色对应五行，即“金、木、土、水、火”，同时五色对应五方，即“西、东、中、北、南”。

五行指金、木、土、水、火五种物质，中国古代思想家把这五种物质作为组成万物的基本元素，华夏民族千百年来用五行来说明世界万物的形成及相互之间的关系：炽盛的火燃烧了木从而出现了土；土遍布于山石中孕育了金属；金属的熔化，流淌出了水；水的润泽使木得以繁茂；而木材作为燃料使火焰更旺盛。与此同时，灼热的火可以熔化金属；尖锐的金属又可破坏木；柔弱的木又可束缚土；松散的土亦可阻挡水；润泽的水也能浇灭火。它们之间相生相克，使大自然不断演变，五行思想因此而生。

南方——火——红旗

五方犇光旗

『四方合一　云呈祥瑞』

五方转光旗

五方转光旗五面，各照方为色。此用在将台上，行则随主将以为外表五方之应，外表视此为进止立伏。杆高一丈五尺，边与旗幅同色，用夹绢二幅，长四尺，阔三尺，带用五色，自下相生而上，长旗身有半。旗头用雉尾缨络。

——《武备志》卷九十九
《军资乘》，战四，旌旗一，第十八页

西方转光旗

东方转光旗

四方合一，云呈祥瑞

在军营中，将领的指挥台上赫然挺立着五方转光旗。将领在将台上发号施令，调兵遣将，五方转光旗也作为令旗在其间互相配合。将在旗在，即使将领下将台到部队当中，或者部队转移行进时，五方转光旗也需跟随主将一同行进。而到了出征时，五方旗便会代替五方转光旗作为令旗。

五方转光旗杆首饰以雉尾、缨穗、珠络，旗心包含五色，各照五方，旗边与旗心颜色相同，旗心绣有五朵云纹，配以旗幅的相生色。值得一提的是，五方转光旗配有五行相生色的火焰状旗带，色彩绮丽。

如今，天气预报已成为我们了解天气的主要途径，每天出门之前只需拿出手机看一眼便知道今天、明天乃至未来几天的天气情况，这样我们可以提前做好准备，不至于在变化无常的天气下手足无措。然而，天气预报其实也只有160多年的历史，这种便捷的服务是现代人享受的。那么古人对于“善变”的天气又是怎样应对的呢？其实，对于天气变化，古人也有自己的应对智慧——观云。

中央转光旗

北方转光旗

古人出门前常会抬头看看天空，通过云的变化来预判天气，看看今天的天气是晴是阴，心中有数之后才决定是否出行。军队行军前也是如此，以便出行顺利。人们通过生活实践所总结出的数不胜数的谚语，流传至今。例如，朝霞不出门，晚霞行千里；云绞云，雨淋淋；朝有棉絮云，下午雷雨鸣等。人们还借用云彩来表现丰富的情感，孤独平静时“众鸟高飞尽，孤云独去闲”；慷慨激昂时“千里黄云白日曛，北风吹雁雪纷纷”；危急紧张时“黑云压城城欲摧，甲光向日金鳞开”；离别惆怅时“瀚海阑干百丈冰，愁云惨淡万里凝”。由于古人对天地自然的崇拜，云在过去被认为是圣人创造的圣物，有着吉祥的寓意。祥云纹、如意云纹都是人们把美好愿望寄托于云彩之上的产物。五方转光旗的云纹便是“四合如意云纹”，由如意纹与云纹以四合的形式构成。五面旗上的四合如意云纹，规律有序地交错排列，寄寓着四方合一、吉祥如意。四合如意云纹体现了中国古人对纹样创造的独特审美，是最具中国传统特色的吉祥图案之一。它始于明，延于清，且与过去朝代的云纹不同，显得更加飘逸灵动。

南方转光旗

大五方旗

『神兽镇五方　威名传四海』

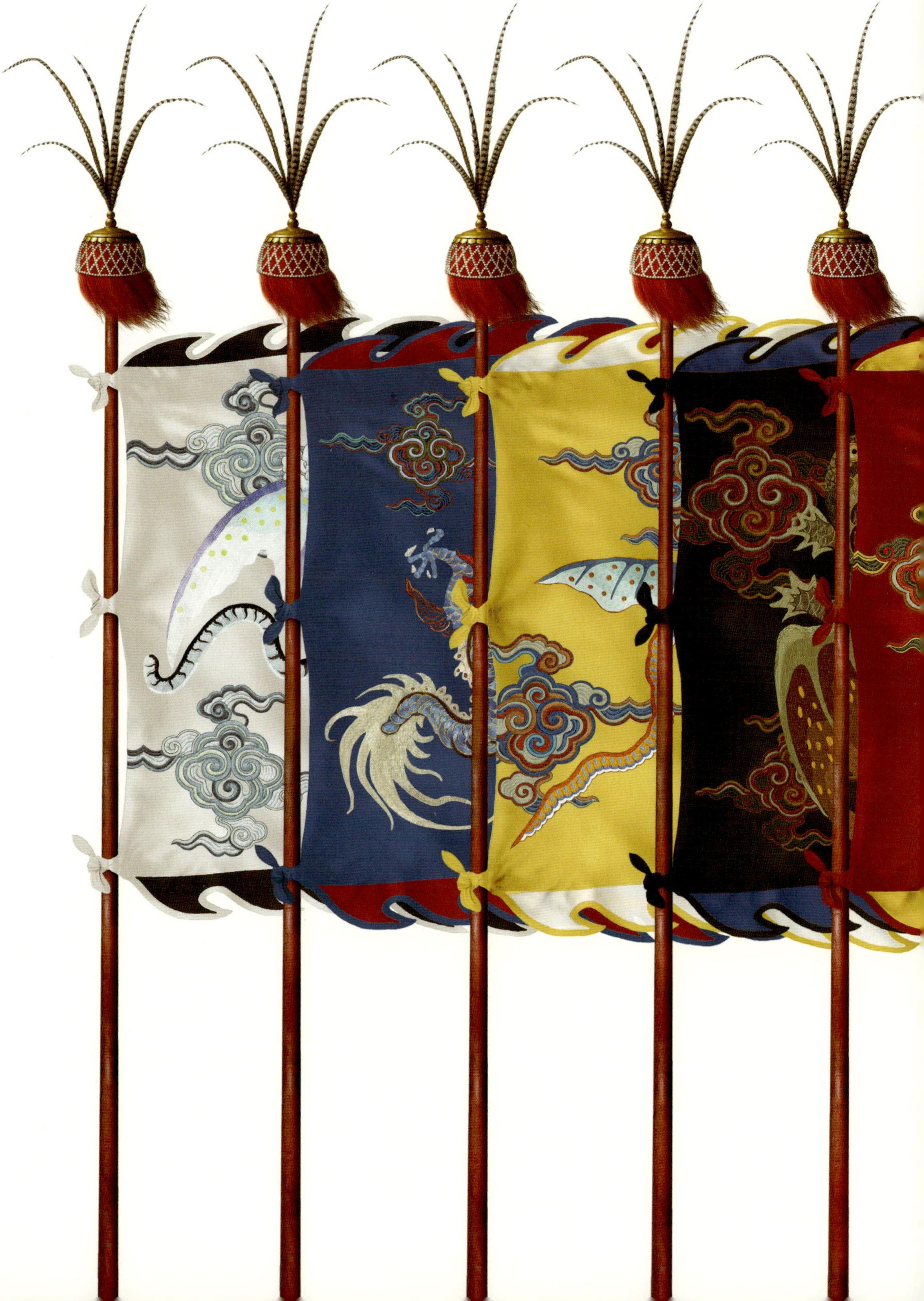

大五方旗

大五方旗五面。行则五方列。礼记，五方神旗，左青龙，右白虎，前朱雀，后玄武，中螣蛇。此旗五面，以四面四方立，表兵之所视，以为坐起进止，左右前后周旋者也。杆高一丈五尺，缨头珠络，旗色照方向，边以生旗之色配之，不可犯本旗之色，旗心方五尺。

——《武备志》卷九十九
《军资乘》，战四，旌旗一，第十页

大西方旗——白虎

黑色斑纹，雪白毛发，血盆大口，尖牙利爪，这种可怕的形象让古人认为白虎能吃鬼，因此白虎作为驱鬼的神兽常被刻画在门上安定宅院。在汉代，它也常与青龙被共同绘制在墓中，用以辟邪。

大南方旗——朱雀

作为神话中的神兽，朱雀是一只长着火红羽毛的大鸟，头像鸡，鸣叫的时候很像传说中的凤凰。性情凶猛，常与凶兽搏斗，使得妖魔鬼怪畏惧，不敢靠近。古人将朱雀视作守护神、吉祥物，把朱雀的形象刻在木头上或铸成铜像，放在门户前。

五方神旗

『神将护驾　威灵显赫』

五方神旗

五方神旗五面。此与前大五方旗同用，各照方色彩画，边用生旗之色，不可与本旗色相犯。除边方五尺，杆高一丈五尺，缨头珠络。

——《武备志》卷九十九
《军资乘》，战四，旌旗一，第十三页至第十五页

杆首及旗杆整体

杆首

杆首及旗杆剖面图

杆首及旗杆透视图

顶盖式凸箍

珠络

杆尾

凸箍及骹部

旗杆

神将护驾，威灵显赫

古代的祭旗仪式，主要是向旗帜表达心愿、祈求护佑。旗帜被视作军魂，是士兵心中强有力的精神支撑。旗倒兵散，如果军魂倒了，军心就会溃散，没有旗帜也就没有了军队。基于这种理念和信仰，古人对应五个方位，把神将的彩画应用在旗幅上，创造了“五方神旗”。出征前，军队祭拜神将旗，祈愿出师大胜。后来为了固定信仰场所进行祭旗仪式，旗纛庙便出现了。出征前主将等官职较高的武官会前往旗纛庙进行祭拜，祈求神将为他们消灾解难，并把神旗从旗纛庙带到军队，当作军中的守护神。战争结束后，也会再次把神旗带回旗纛庙祭拜。

五方神旗杆首饰以雉尾、缨穗、珠络，旗心包含五色，各照五方，旗边配以旗心的五行相生色，旗心绘有五方神将，四周点缀精美云纹。

五方神旗的五位神将分别为西方马元帅、东方温元帅、中央王灵官、北方赵玄坛、南方关元帅。神将们广为流传的英勇故事，使五位神将备受士兵敬仰，也由此使军队更有凝聚力。

西方神旗——马元帅

马元帅即马灵耀元帅，乃道教护法神之一。面白如雪，三眼，手持长枪，白蛇随身，身穿铠甲裹官袍。

据《藏外道书》描述，马元帅原是华光大帝，化作五团花火投胎于马姓家庭。有三只眼，出生三天后就能战斗。为了斩除水中的妖孽，杀死东海龙王，盗走了紫薇大帝的金枪，并在自己的左手写灵，右手写耀，合名为“灵耀”。马元帅善于用火，身上藏有金砖和火丹，用来降妖除魔。

据《南游记》描述，某天玉皇大帝派马元帅和三位神仙下凡去明察善恶。几天后这三位神仙返回天庭，向玉帝禀报的都是善人善事，描绘的是天下太平的景象，而马元帅禀报的事既有善的又有恶的。这引起了玉帝的怀疑，玉帝便安排另一位神仙下凡复察，最终得知这三位神仙禀报不实。由于马元帅做事公正廉洁，玉帝便赐予他一只竖着的眼睛。从此马元帅脸上的三只眼睛变得更加炯炯有神，他做事不畏强权，锄强扶弱。

民间为了纪念马元帅，建立了华光庙，祈愿马元帅为人们免除火灾。

马元帅（线稿）

马元帅（配色）

东方神旗——温元帅

温元帅即温琼元帅，乃道教护法神之一。蓝面蓝手，红唇獠牙，红发红眉，双眼狰狞，身穿铁甲裹官袍，手握狼牙棒。

据《中国道教神仙造像大系》描述，温元帅的母亲受六甲神托梦后怀孕，并接受六甲神所赠的玉环，玉环名为“琼”，字“子玉”，她便给儿子取名为“温琼”。温琼参加科举考试多年不中，因不能辅佐皇帝为百姓效劳，下定决心死后要成为泰山的守护神，惩恶扬善，保护百姓。抑郁的温琼看见苍龙带着宝珠出现在面前，于是吞下宝珠后变为刚毅勇猛的赤发蓝面神灵。

据《三教搜神大全》描述，某天晚上，某秀才看到瘟疫鬼神向水井里投毒，为了说服民众相信井水被瘟疫鬼神投毒，便投井而去，众人打捞，发现秀才中毒后全身发蓝。此勇敢事迹使他被封为忠靖王，并被东岳大帝封为“东岳十太保之一”。这位秀才由于是温州人，被赐名温元帅，成为驱疫之神。

百姓为了纪念温元帅而建立了庙宇，以求驱除瘟疫、镇妖驱恶、消灾除祸。

中央神旗——王灵官

王灵官又称为王天君，乃道教护法神之一。赤面红髯，三目怒视，官袍金甲，手持金砖。

据《新搜神记》描述，王灵官原名王恶，曾是淮阳城隍庙的城隍。萨真人路过此庙，看见当地百姓用活生生的童男童女祭祀，于是使用雷火烧毁此庙。在十多年后的某一天，萨真人来到江边洗手，看见水中出现了一位神将。神将告诉萨真人，他奉玉帝之命担任庙神。自从庙宇被萨真人烧毁后，他便跟随真人十多年，一旦发现是真人的过错，便可报复前仇。但这十多年来他被真人的功德和修行感化，愿意拜他为师，成为萨真人部下的将领。萨真人行善积德，后来给王恶改名为王善。

据《列仙传》描述，王灵官师从道士萨真人，萨真人又师从林灵素。因此，王灵官是林灵素的再传弟子，被玉帝封为“先天主将”，负责掌管天上和人间的事务，为百姓除恶积善。

王灵官至刚至勇、惩恶人间、镇妖伏魔，因此得到百姓的爱戴。尤其在明代，百姓修建了许多灵官庙。

王灵官（配色）

北方神旗——赵玄坛

赵玄坛即赵公明，乃道教护法神之一。黑面，黑须发，头戴铁幞头，披甲罩袍，手执铁鞭，黑虎随从。

据记载，赵公明，终南山人；秦朝时在山中避世，修炼成道，被玉帝封为“神霄副帅”；能驱雷役电、呼风唤雨、求福禳灾。

在古典小说《封神演义》中，赵公明为商朝殷纣王手下的将军，武力高强，于是姜太公请昆仑散仙陆压助阵，这样才打败赵公明。在商周大战结束后，姜太公奉命册封赵公明为“金龙如意正一龙虎玄坛真君”。

传说赵公明既能辟邪除灾、驱病延年，还能掌管买卖和人世间的财宝，威名遍布民间。随着明代商业的蓬勃发展，民间确立了赵公明的财神地位，在浙江一带开始兴建玄坛庙，供百姓祭拜财神。

南方神旗——关元帅

关元帅即关羽，字云长，乃道教护法神之一。卧蚕眉，丹凤眼，枣红脸，长须发，手提青龙刀，金铠绿袍，坐骑赤兔马。

从古至今，关羽的传奇故事一直在民间传播，影响了后世很多领域。《三国演义》所描述的关羽从商的故事，对后来从商的民众产生了影响，关羽也作为财神形象出现在民间的贸易活动中，民众祭拜关羽以祈愿生意兴隆。在军事方面，关羽作为一名忠义勇猛的武将，受到从军、习武之人的崇拜和爱戴，后来带动了关帝庙的兴起。

关元帅作为五方神旗中的神将之一，被人们祭拜以祈求他能显灵助阵。

关元帅（配色）

五方高照旗

『星月交辉　灯烛熠熠』

五方高照旗

五方高照五面，各照五方之色，幅尾则用生气之色，与大旗之边同意。此为子层之主，奇兵及亲兵皆其主也，夜则看灯以应五方之用。杆用好坚竹，红漆，长一丈六尺。头用小枪头，金木葫芦顶，铁梁，务在轻便，照方色。全幅绢长一丈二尺，灯用照方色薄油纸。灯笼用铁丝，粗三寸，长七寸，取其轻也。

——《武备志》卷九十九
《军资乘》，战四，旌旗一，第十六页

东方高照旗

蓝色竹编灯笼

星月交辉，灯烛熠熠

在古代，夜间行军或者作战可不是一件容易的事情，尤其是在天气不好的时候，没有照明的话，方圆百里一片昏暗，伸手不见五指，行军时极易迷失方向甚至掉队。古代不像现代有繁多的照明辅助装置。古人除了借助天色微光，还需要借助火把、灯笼等来照明以辨认方向及周围环境，于是将灯笼与旗帜结合，在旗杆上高高地挂起灯笼来照明。旗上灯笼的颜色与旗心的颜色相同，在夜间能指引士兵快速辨别队伍的五个方位，这样即便士兵在队里走散，也能根据旗上灯笼的颜色找到自己所属的队伍。在白天，奇兵与亲兵便根据旗心的颜色来辨认方位，这就是“五方高照旗”。

五方高照旗属幡旗，杆首为十字铁架，顶部装饰木葫芦，两端高挂彩色竹编灯笼，旗身垂坠铁架中央，包含五色，旗尾配以旗心的五行相生色。

五方高照旗的灯笼颜色分别对应五方位，选用轻便的竹篾做成灯壳，然后糊上薄油纸，接着上色并刷上防水防腐的桐油，最后安上底盘。整体重量较小，便于挂在铁质的梁架上。在两宋解除民间夜晚外出的禁令后，夜宵、夜晚表演等夜生活大大促进了夜间照明工具的发展，竹编灯笼成为民间百姓日常的照明工具。

杆首及旗杆透视图

杆首

木葫芦

旗杆

铁架及凸箍骹部

杆尾

灯壳

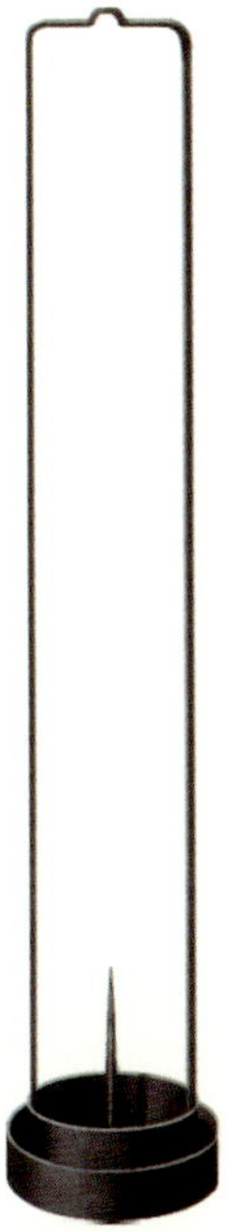
灯架及底盘

灯笼（带油纸）

灯笼透视图

灯笼（不带油纸）

塘报旗

『一塘一报　奔走相告』

塘报旗

塘报旗，杆用枪，长九尺。上系旗方一尺。凡行军摇旗是有贼至，摩旗是贼多。

——《武备志》卷一百一
《军资乘》，战六，旌旗三，第十六页

一塘一报，奔走相告

侦察一直是战争中至关重要的环节，知己知彼，方能百战百胜，只要侦察到位，便不至于陷入敌人的埋伏中，也能摆脱困境，且第一时间得到行军方向的地形、气象等信息。但古代没有如今这样精确的卫星雷达定位系统，所以塘报旗在古代战争中便显得尤为重要，起到军队“眼睛”的作用。

塘报旗以枪为杆，旗幅较小，旗边呈火焰形状，杆首饰以缨穗，在军事中用于传递军情。

顾名思义，塘报旗的功能与“塘报”相关。“塘”指的是池塘，古代农村用其灌溉农作物。如遇到战争或者自然灾害，村落会将信息由此“塘”传递到彼“塘”，联合抗灾抗敌，其间的信息往来逐渐发展成塘报，负责传递塘报之人渐渐成为“塘兵”。民间这种武装自卫的组织得到了明朝政府的认可，且有利于中央收集更多地方的军事情报，于是明朝政府设立“塘官”来管理“塘兵”。塘官专门负责处理有关军事情报的事务，而塘兵负责向上级传递情报。塘报的传递过程是从一塘到另一塘，从下级到上级，从地方到中央。至此，塘报成为军事联络

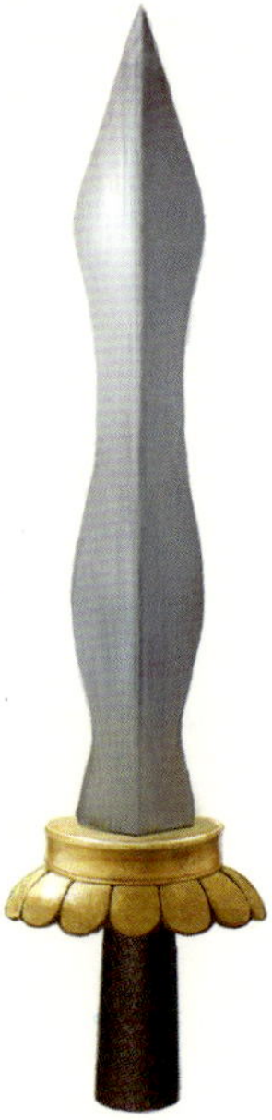

枪首及凸箍

杆首及旗杆透视图

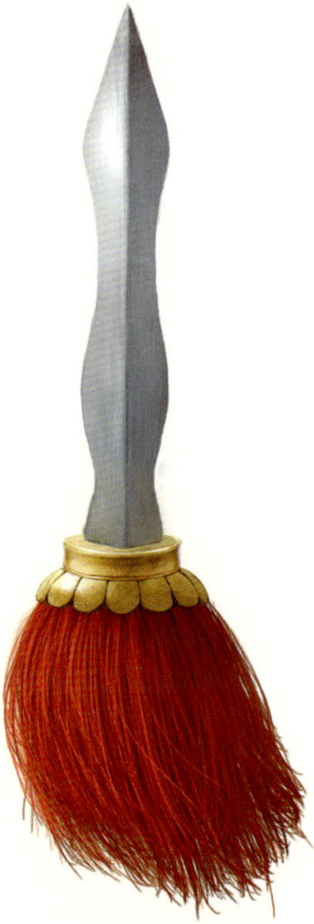

杆首

旗杆

缨穗及凸箍骹部

杆首俯视图

杆尾

通信的重要手段，然而塘报的撰写及递交在实际战争中仍过于烦琐，一般情况下，塘报由塘兵骑马送到沿途的驿站，但有时战况瞬息万变，军事情报都是紧急消息，比如作战部署以及对敌方的作战意图推测等，这些基本都是临时手写而成，需要争分夺秒地传递出去，跑死马匹、累坏传信兵的情况时有出现。为了更为迅速高效地传达军情，节省塘报拆封阅读的时间，驿站在军用中的功能日渐式微，塘报旗则在军事联络中崭露头角。

使用塘报旗传递信息时，旗手依据不同的军情挥动旗帜示意：当敌军来临，旗手急促摇动塘报旗；当敌军数量较多时，旗手大幅挥动塘报旗。当一塘的塘兵看到塘报旗的指挥信号后，会迅速摆动旗帜将军情传递至下一塘，情报由此层层传递，直至上级获悉。

三軍司命

认旗

『人要归队　旗要归位』

认旗

每一大营，大将认旗，从纳音五色带，各营将认旗用本方之色，以边应主将，以号带应德，德，国王也。把总认旗，以心坐本方，以边应营将，以带应德。哨官认旗，以心坐本方，以边应把总，以带应德。旗总旗，以色应本哨，以边应总司。队长旗，以色应旗总。

——《武备志》卷一百一
《军资乘》，战六，旌旗三，第九页

*此段出自《武备志》部分摘录，且因其摘录有误，经校对，部分语句重新摘录自原出处《纪效新书》。

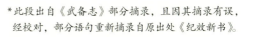

队长认旗

队长认旗，方一尺。杆用长枪一丈五尺。

——《武备志》卷一百一《军资乘》，战六，旌旗三，第九页至第十二页

等级在认旗中最低，由旗杆、枪首和正色旗幅组成，旗幅颜色对应五方色且与旗总认旗旗心颜色一致。图中队长认旗旗幅对应旗总认旗方位，为东方，与旗总认旗旗心颜色一致，为蓝色。

人要归队，旗要归位

战斗开始前，各营队会提前部署将士，排列队伍。但战斗结束后，难免会出现各营交错、士兵分散的现象。为了让士兵快速辨认所属营队，迅速归位，认旗便出现了。认旗的制式等级代表所属军营的军阶等级，将士按照各营认旗的位置归队整合。

可以从认旗旗杆的高度、旗幅的大小、杆首等各部件来辨别官位的等级，等级越高，旗帜越华丽。

单丝不成线，独木难成林。一个士兵单打独斗，力量十分有限，要在战争中取得胜利，全军将士必须协同作战，因此军队的系统管理显得非常重要。要谈军队管理，先要谈国家的兵制，即军事制度。简单来讲，明代中后期形成以营兵制为主、以卫所制为辅的治理制度，据肖立军《明代省镇营兵制与地方秩序》，明中后期各镇营的建置等级从低到高依次为伍、队、司、部、营，编制方式为：五人为伍；十伍为队，每队设管队官一至两名；十队为司，每司约五百人设把总一人；两司为部，每部约一千人设千总一名；全营设中军官一名负责宣传号令，另设

旗总认旗

旗总认旗，方一尺五寸，斜角有边。杆用长枪一丈五尺。

——《武备志》卷一百一

《军资乘》，战六，旌旗三，第九页至第十二页

等级比队长认旗高一级，由旗杆、枪首和正色旗心、旗边组成，旗心颜色与哨官认旗旗心颜色一致，旗边颜色与把总认旗旗心颜色一致。图中旗总认旗旗心对应哨官认旗方位，为东方，对应为蓝色。旗边与把总认旗旗心颜色一致，为黑色。

营将一名统率全营。另外，有时设立“哨”，有时不设立“哨”。“哨”在北方有时指营或部，有时指介于司与队之间的编制。在南方哨官则是低于把总，高于队官。而《纪效新书：十四卷本》中的军队编制从低到高依次为伍、队、旗、哨、司、营、师，编制方式为：五人为伍；十二人为队，设立队长；约三十人为旗，设立旗总；约一百人为哨，设立哨官；约五百人为司，设立把总；约三千人为营，设立参将；约一万人为师。营兵制让队伍有了明确的官阶等级，每个营队都会配备相应的官阶旗帜，让上下级在复杂的军事行动中能快速辨识身份，传递号令信息。于是，认旗成为出征打仗辨识身份的首要标志之一。

一方面，士兵可以通过认旗的旗幅大小、颜色来分辨军营；另一方面，士兵也可以使用认旗传递不同级别的军令，在传达军令时，需要逐级传报，不可越级，军队通过日积月累的训练，让兵与兵、营与营、上级与下级之间的关系更加紧密有序。

认旗的官阶等级从低至高依次为：队长认旗，旗总认旗，哨官认旗，把总认旗，营将认旗，主将认旗。

哨官认旗

哨官认旗，方二尺。斜角，用边带长三尺。杆用长枪一丈六尺，旗悬至顶。

——《武备志》卷一百一

《军资乘》，战六，旌旗三，第九页至第十二页

等级比旗总认旗高一级，由旗杆、枪首、旗带和正色旗心、旗边组成，旗心颜色对应五方色，旗边与把总认旗旗心颜色一致。悬挂到顶部。图中哨官认旗旗心拟定为东方，对应为蓝色。旗边与把总认旗旗心颜色一致，为黑色。旗带对应中央方位，为黄色。

把总认旗

把总认旗，方三尺，斜角，用边带缨头，杆高一丈七尺，旗悬至顶。

——《武备志》卷一百一

《军资乘》，战六，旌旗三，第九页至第十二页

等级比哨官认旗高一级，由旗杆、枪首、缨穗、旗带和正色旗心、旗边组成，旗心颜色对应五方色，旗边与营将认旗旗心颜色一致。旗幅比哨官认旗大，旗杆比哨官认旗高。图中把总认旗旗心拟定为北方，对应为黑色。旗边与营将认旗旗心颜色一致，为红色。旗带对应中央方位，为黄色。

营将认旗

营将认旗，方五尺，斜角，用边带缨头，雉尾，杆高一丈八尺，旗悬至顶。

——《武备志》卷一百一

《军资乘》，战六，旌旗三，第九页至第十二页

等级比把总认旗高一级，由旗杆、缨穗、珠络、雉尾、旗带和正色旗心、旗边组成，旗心颜色对照五方色，旗边与主将认旗旗幅颜色一致。旗幅比把总认旗大，杆首的装饰比把总认旗华丽。图中营将认旗旗心拟定为南方，对应为红色。旗边与主将认旗的旗幅颜色一致，为黄色。旗带对应中央方位，为黄色。

主将认旗

主将认旗，杆高一丈九尺，旗长三尺阔一尺五寸。尾带用五色，二十五条，长二尺五寸。

——《武备志》卷一百一

《军资乘》，战六，旌旗三，第九页至第十二页

等级为军中最高。由旗杆、缨穗、珠络、雉尾、旗幅组成，旗幅呈长条形配五色带，绣“三军司命”，与施发号令的主将号旗搭配使用。整体为幡旗形制，与其他认旗有所区别。图中主将认旗为中央方位，旗幅为黄色。

门旗

『门神立处　内外有度』

门旗

门旗照五方之色，各二面，共十面。此立辕门摆营，五方各照方色。杆高一丈二尺，大云头明铁锋。旗方五尺，边俱用黄。

——《武备志》卷九十九

《军资乘》，战四，旌旗一，第八页

豹尾旗

『雄军虎踞　君子豹变』

豹尾旗

豹尾旗二面。此旗所立之处，再不容一人擅闯出入，非有主将号令旗箭召，放擅入者，不问官员大小人等，军法阻拿，此其限也。兵法曰，无天于上，无地于下，将在军，君命有所不受，决期赴表，以戮后至，慎之重之。杆用坚木，长九尺。头用利刃。旗用绢，裁折曲，用豹尾形，阔一幅，双折长七尺。

——《武备志》卷九十九

《军资乘》，战四，旌旗一，第九页

荷叶状顶盖

杆首及旗杆透视图

杆首俯视图

枪首

顶盖式凸箍

凸箍及骹部

旗杆

杆尾

雄军虎踞，君子豹变

在军事要地中，总会有一些地方是严令禁止通行的。这些地方除了把守森严之外，也会使用“禁入”标志。豹尾旗就是这样的标志。但凡豹尾旗出现的地方，进入前，必须持有主将的令旗令箭，如果无视豹尾旗而私自闯入，无论官阶高低，都将受到军法的严厉惩治。

豹尾旗属幡旗，以坚木为杆，杆首配利刃，饰以缨穗；旗幅顶端装饰荷叶状顶盖，旗身垂坠，由层层叠叠的豹纹绢布排列而成，形制华丽，威严劲阔。

豹尾旗最早出现于秦朝，起初用于帝王出行的仪仗，汉蔡邕《独断》云：“秦灭九国，兼其车服，故大驾属车八十一乘也……最后一车悬豹尾。”通常是前车蒙虎皮开道，后车悬豹尾扬威。明代军旗中的豹尾旗，沿用秦朝豹尾旗形制。与其他旗帜相比，豹尾旗数量极少，十分罕见，使用豹尾旗的人，都是大权掌握者，拥有崇高的统治地位，领导整支军队，甚至整个国家。

另外，豹纹绢布的使用别有寓意。在中国古代，豹子是君子的象征。《周易》革卦：“大人虎变……君子豹变，小人革面。”幼豹刚出生时是毛茸茸的，外形特点不明显，甚至有些丑陋，长大后脱毛，皮肤变得光滑，并且拥有美丽的斑纹，称为“豹变”。古人以“豹变”来比喻君子的长成：人应该像豹一样，遇到逆境时，学会隐忍，通过不断学习、修身养性，守身守德，最终华丽转身，成为一名君子。而且，豹子行动迅猛灵活，也寄寓君子应讷于言、敏于行、慧于识、守于德。此外，“豹”与“报”同音，也代表建功立业、报效国家的宏愿。

三軍司命

主将号旗

『军令如山　胜败攸关』

主将号旗

此主将号旗，颜色随意，不预设以泄机。杆用长枪，旗方二大尺。

——《武备志》卷一百

《军资乘》，战五，旌旗二，第一页至第二页

军令如山，胜败攸关

战争中的前线指挥部是全军的“大脑”，如果失去“大脑”，军队犹如一盘散沙。所以指挥部的重要性也注定其经常受到敌军的“特殊照顾”，有些出乎意料的战役失利便是指挥部受袭的结果。所以，指挥部既要在军队作战时起到运筹帷幄的作用，也要保护好自己，隐藏好自己。尤其以主将身份发出的指令更是不能让敌军轻易发现，不能泄露军机，甚至暴露主将。

主将号旗以长枪为杆，枪首细长，饰以缨穗，旗心绣“三军司命”四字，实际作战时用以传达主将军令，为避免军机泄露，旗幅的颜色可随机设定，这样一来，主将号旗可以和其他旗帜混淆以迷惑敌军。

不同军阶的将帅发出不同等级的军令，主将为军阶最高的将领，统率左、中、右三军，手握最高军权，主将号旗为最高权限，是用于施发号令的军旗。主将号旗象征着主将，见旗如见人，号旗一出，三军肃静。军令下达需按军阶逐级传报，不可越级传报或误报漏报。若军令传达贻误军机，传令者将在作战前被公开执行军法。

中军坐纛

『军威昭昭　龙幡虎纛』

中军坐纛

此不可用于行阵，重大也。杆高一丈六尺，旗大一丈，墨绿段为之，白绫为边。缨头珠络，极其华饰乃可。

——《武备志》卷九十九

《军资乘》，战四，旌旗一，第十七页

缨穗及凸箍骹部

枪首

凸箍及骹部

顶盖式凸箍

珠络

旗杆

军威昭昭，龙幡虎纛

在古代战争中，如果我军已经打到敌军的大纛旗前了，那说明我们离胜利不远了。中军坐纛是军中最高统帅的大旗，大纛驻扎之处就是主将的大本营。基于这个等级，大纛旗的华丽程度可谓军旗中最高规格。

从形制上看，它由左边五色长条旗带与右边的大旗结合；旗幅是众多面旗帜中最大的，以墨绿色与白色搭配，面料选用上等的缎、绫，旗心上的图形符号分别由水火匡郭图、八卦、洛书组成。杆首的装饰也是众多面旗帜中最为华丽的。

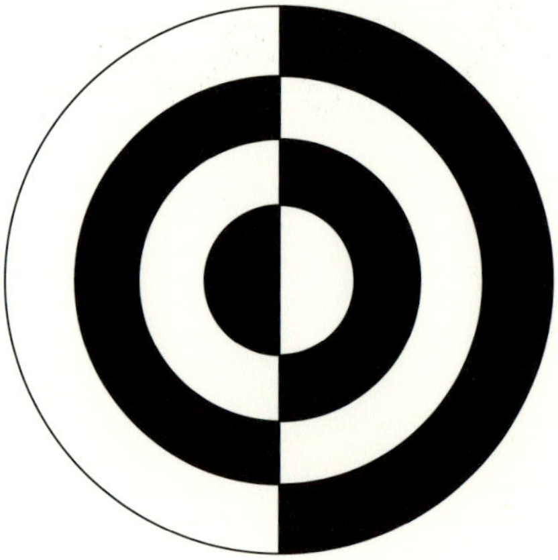

水火匡郭图

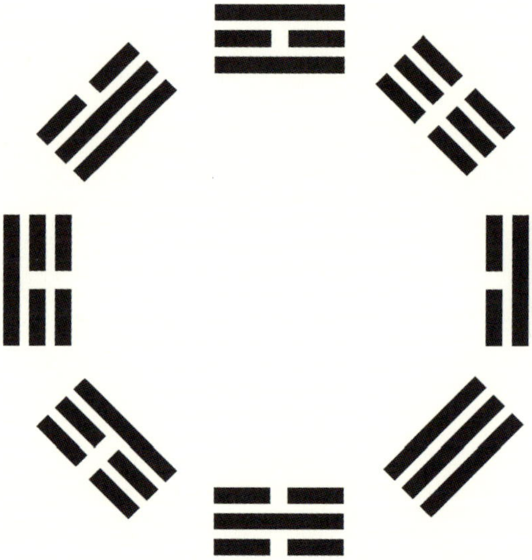

八卦

水火匡郭图

它是由太极衍生而来，图中左半边为八卦中的离卦，离火为阳；右半边为坎卦，坎水为阴。所谓坎离相抱，水火相通，日月相合，即阴阳相配合之义。此图对应洛书符号“五”，位于旗心的中央。

八卦

它由乾、坎、艮、震、巽、离、坤、兑八个卦象组成。与阴阳五行一样，是一套用来归类和推演世间万物的工具，也是中国传统文化的古老概念，从哲理的角度解释自然、社会等现象。此八卦符号属于后天八卦。

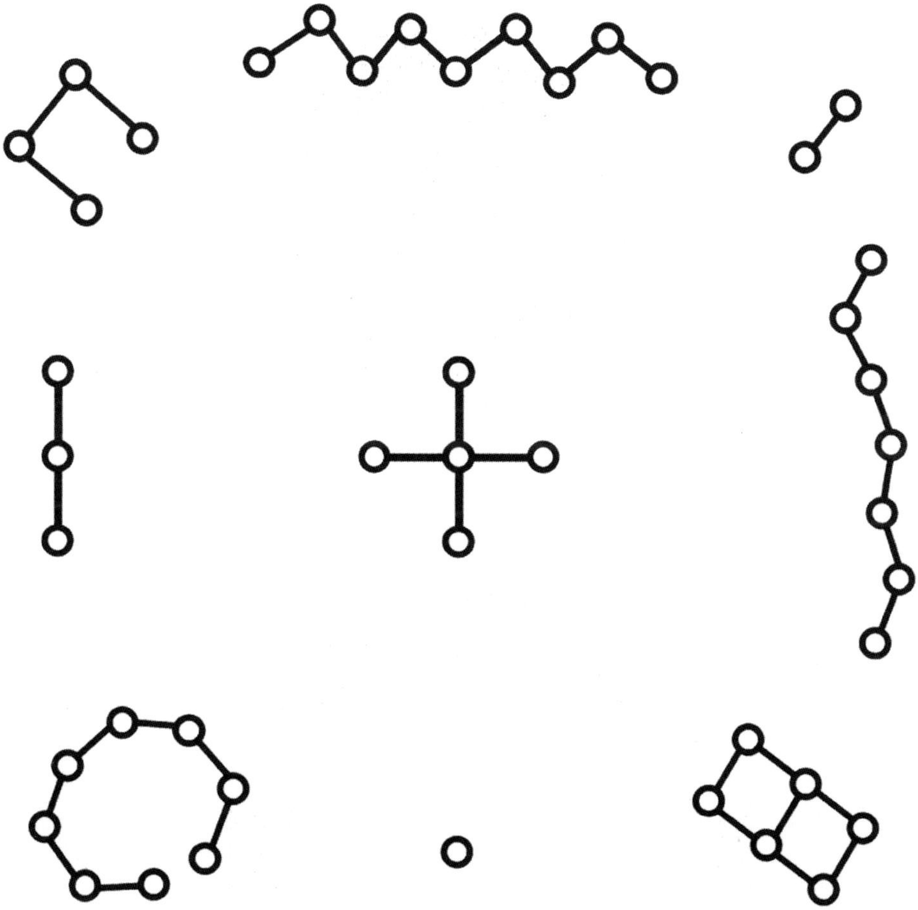

洛书

*因古籍原著摘录时出现问题，中军坐纛的洛书符号以当今学者的研究作为参考修正。

洛书

古称龟书，传说有龟出于洛水，龟壳上有一图像：以圆点为元素，结构是戴九履一，左三右七，二四为肩，六八为足，以五居中。其中一、三、七、九这四个数位于奇方位，二、四、六、八这四个数位于正方位。洛书方位与八卦方位相对应，常与“河图”并称，是中国古代阴阳五行术数之源，蕴含着古人对宇宙哲理的理解和认知。此图洛书符号“五”居于中央，对应水火匡郭图。

八卦旗

『八方助阵　强军克敌』

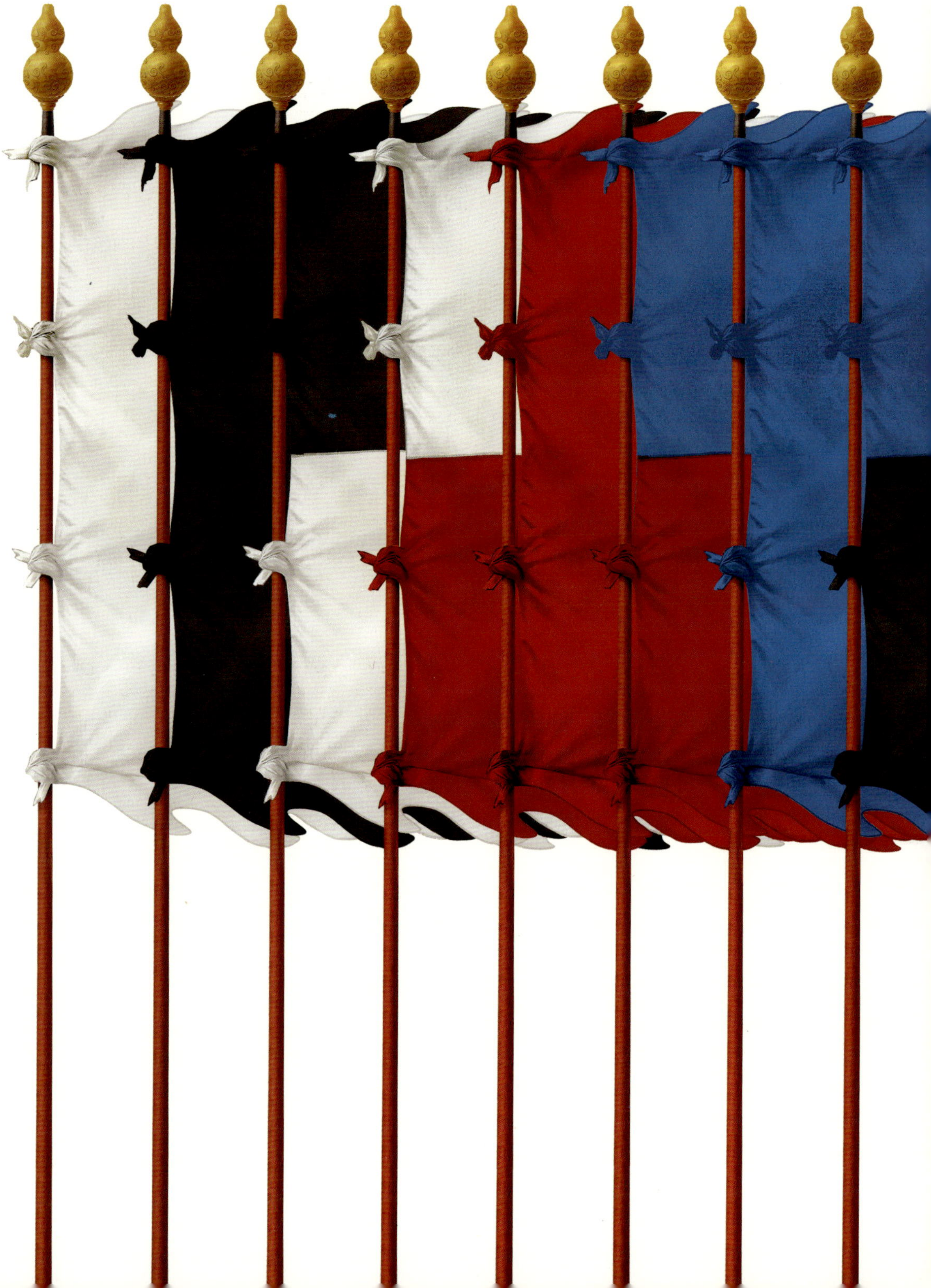

八卦旗

此旗高大式杆，俱照五方真形旗。上用金木葫芦顶，各以八卦方向为色，四正方色纯，四奇方色间。凡各得一半。画本方之卦于旗中央。

——《武备志》卷一百

《军资乘》，战五，旌旗二，第七页至第十一页

兑旗

白色——西方——泽——金

坎旗

黑色——北方——水——水

八方助阵，强军克敌

《系辞传》："是故易有太极，是生两仪，两仪生四象，四象生八卦。"八卦是古人通过仰观天文、俯察地理总结出来的符号，分为兑、坎、乾、坤、离、巽、震、艮。古人以八卦定八方，为明示方位，军队将八卦引入军旗，创造了八卦旗，旗上的八个符号寄寓着八面俱到，也象征着八方助阵、强军克敌。

八卦旗旗杆高挑，杆首饰以木葫芦，旗幅包含黑白红蓝四色，以纯色或两色搭配的方式呈现，每面旗帜的旗心与火焰状旗边的颜色一致，旗心中央绣有对应的八卦符号，旗帜名与旗心八卦相对应，旗帜共计八面。

八卦旗包含四个正方位和四个奇方位。四个正方位即北方、东方、南方、西方，其对应四个正色，即黑、蓝、红、白；同时两个相邻正方位之间产生一个奇方位，合计四个奇方位，即北西方、东北方、东南方、西南方，奇方位旗帜色彩由相邻两方位的颜色搭配而成，即黑与白、蓝与黑、蓝与红、白与红。

除昭示方位外，八卦符号本身也对应着不同的自然现象，

乾旗

上黑下白——北西方——天——金

坤旗

上白下红——西南方——地——土

分别为：兑为泽，坎为水，乾为天，坤为地，离为火，巽为风，震为雷，艮为山。八卦与五行也有着密切联系。其中，四正卦和五行的对应关系是：兑为金，坎为水，离为火，震为木。四奇卦和五行的对应关系是：乾为金，坤为土，巽为木，艮为土。

角旗、八卦旗方位关系图

*为方便读者理解，角旗、八卦旗方位关系图中的方位名称以十六方位图的名称标识。

离旗

红色——南方——火——火

巽旗

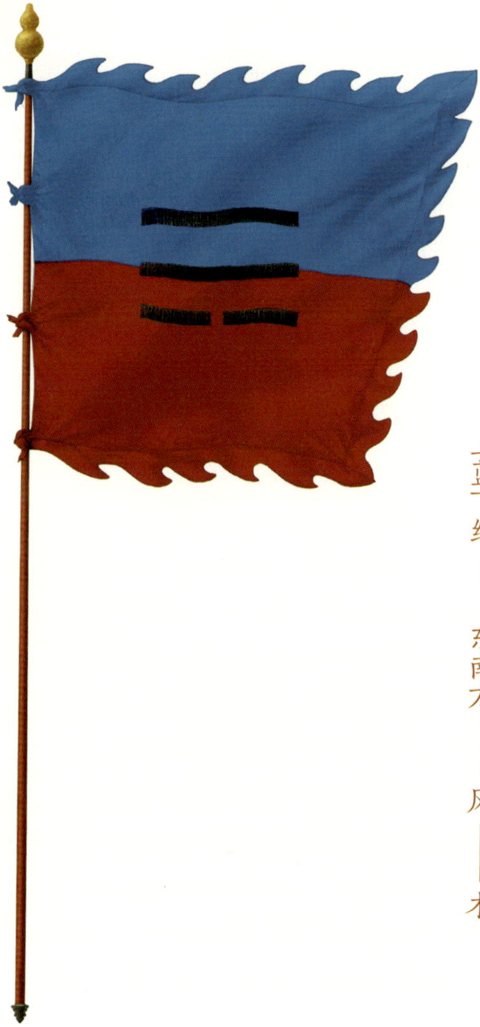

上蓝下红——东南方——风——木

震旗

蓝色——东方——雷——木

艮旗

上蓝下黑——东北方——山——土

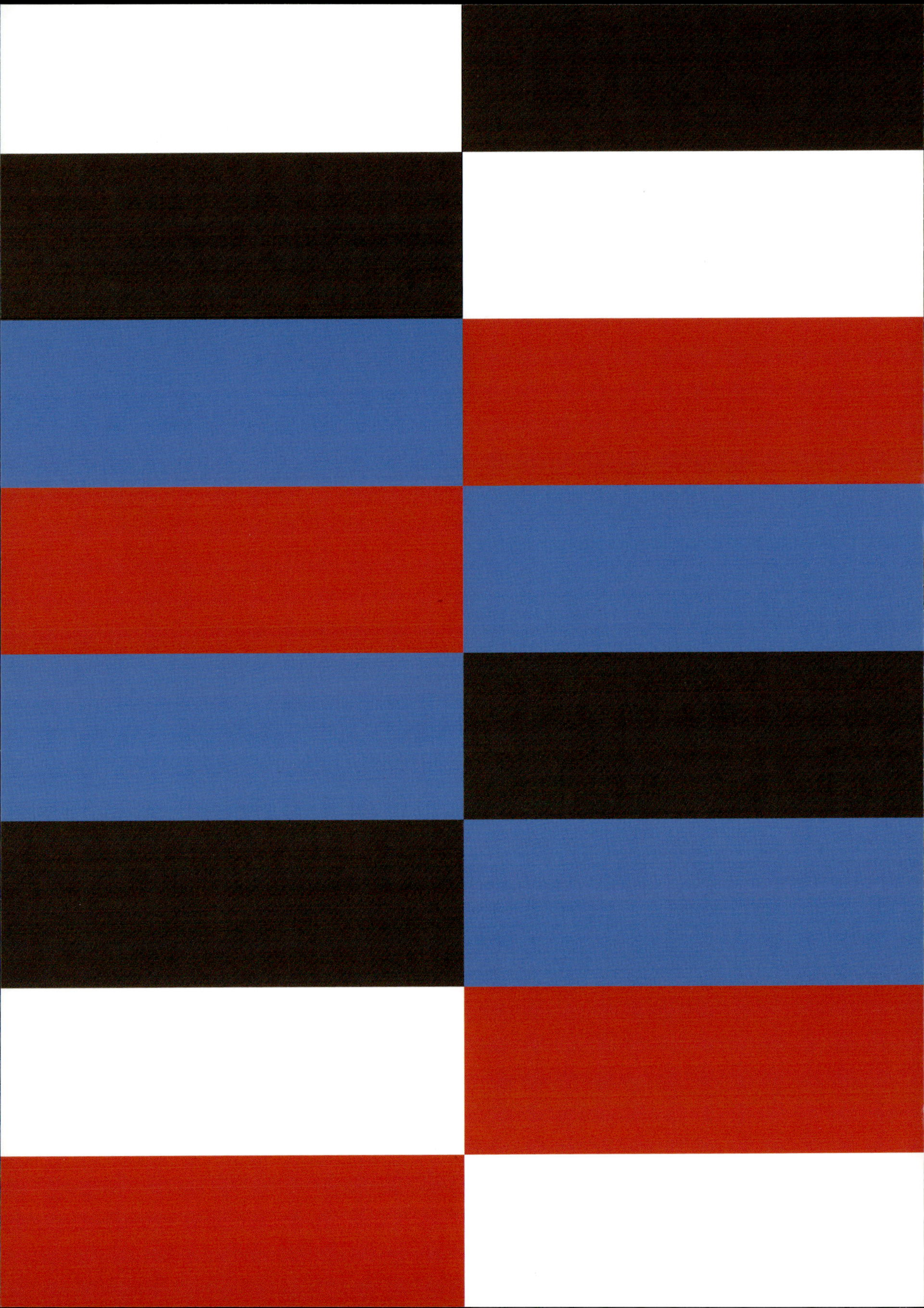

角旗

『方位大吉　无往不利』

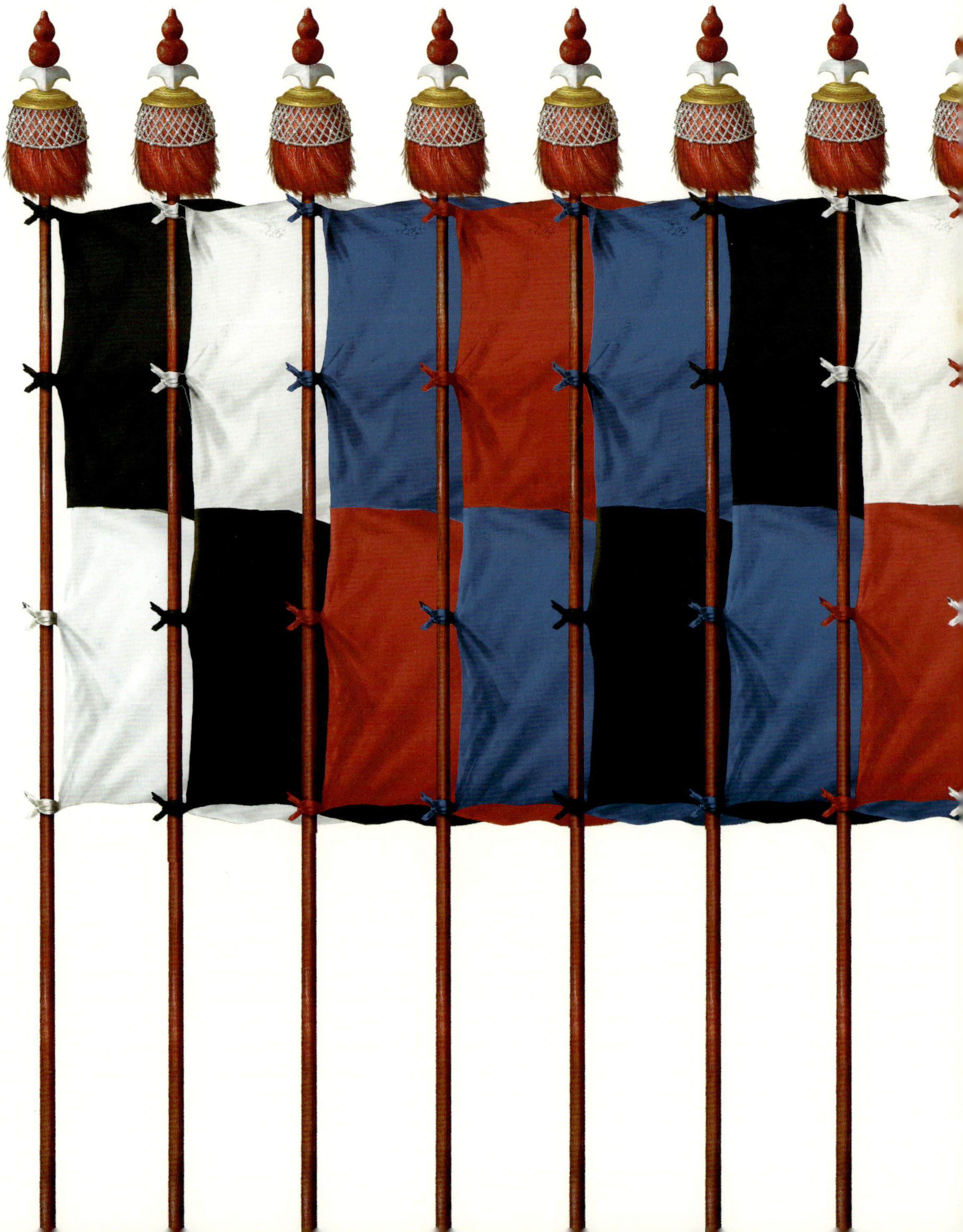

角旗

角旗八面。此旗用木红葫芦顶，明铁云枪头。旗长方四尺有余，行则每神旗前一对，中方无角，加别器一对。角旗在正旗后，正以生奇，在招摇前，奇以生正也。

——《武备志》卷一百
《军资乘》，战五，旌旗二，第二页至第六页

杆首

杆首剖面图

杆首及旗杆透视图

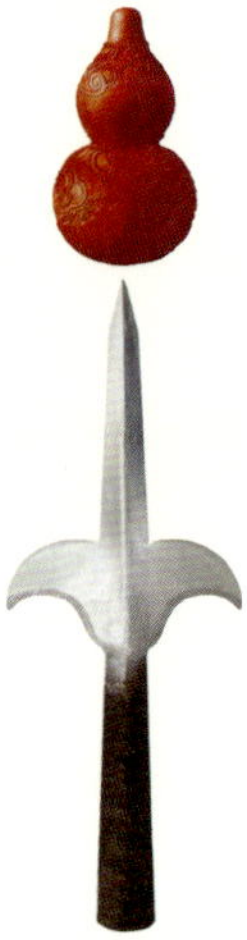

木葫芦及枪首

杆首俯视图（不带木葫芦）

杆首俯视图(带木葫芦）

旗杆

凸箍及骹部

杆尾

顶盖式凸箍

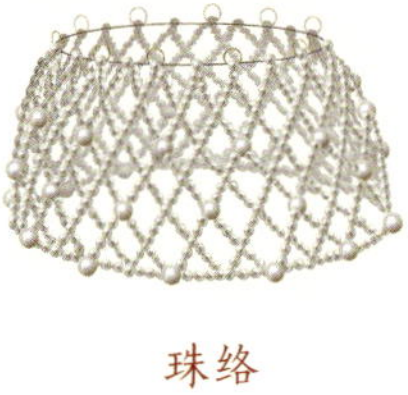

珠络

缨穗及凸箍骹部

方位大吉，无往不利

八卦旗将方位划分为八个，而实际行军需要更为精确的方位指示，角旗即是在八方位基础上进一步细分出八个奇方位。

角旗采用红色木葫芦和铁质云枪头作为杆首，同时饰以缨穗、珠络。旗幅上下两分，每面旗帜由两种不同的颜色组成，共八面，分别表示八个奇方位。

八卦旗的正方位为东、南、西、北四个方向，相邻两个正方位之间产生一个奇方位，而角旗中的奇方位比较特殊，每两个正方位中间有两个奇方位，分别为北西、西北、东南、南东、东北、北东、西南、南西，旗面颜色由相邻两正方位的颜色搭配而成，分别为黑白、白黑、蓝红、红蓝、蓝黑、黑蓝、白红、红白。

方位除了有地理意义，在文化上还蕴含着一定的尊卑意义。如日出在东方，日落在西方，太阳正面照射在南方，背面为北方，建筑朝向的方位都是选择坐北朝南或坐西朝东。所以东方、南方与日出、向阳有关，为尊；西方、北方与日落、背阴有关，为卑。

北西角旗

上半幅黑色——北方 / 下半幅白色——西方

西北角旗

上半幅白色——西方 / 下半幅黑色——北方

东南角旗

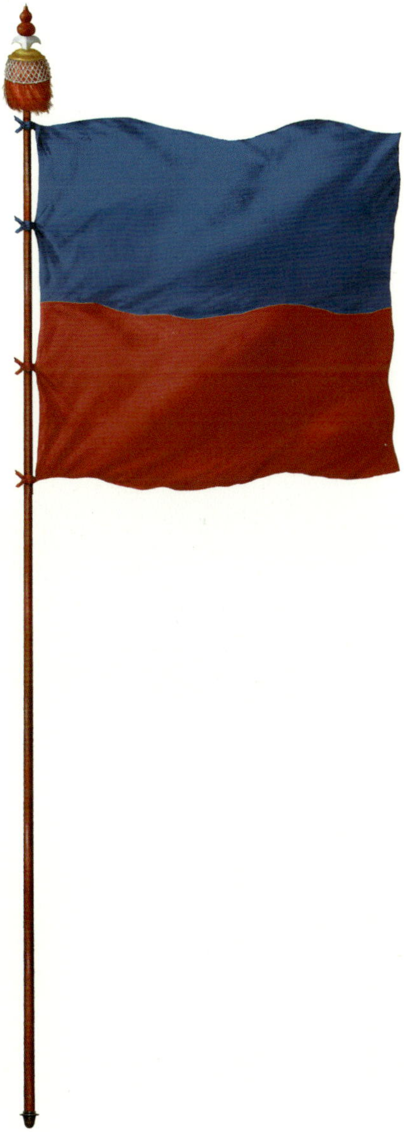

上半幅蓝色——东方｜下半幅红色——南方

南东角旗

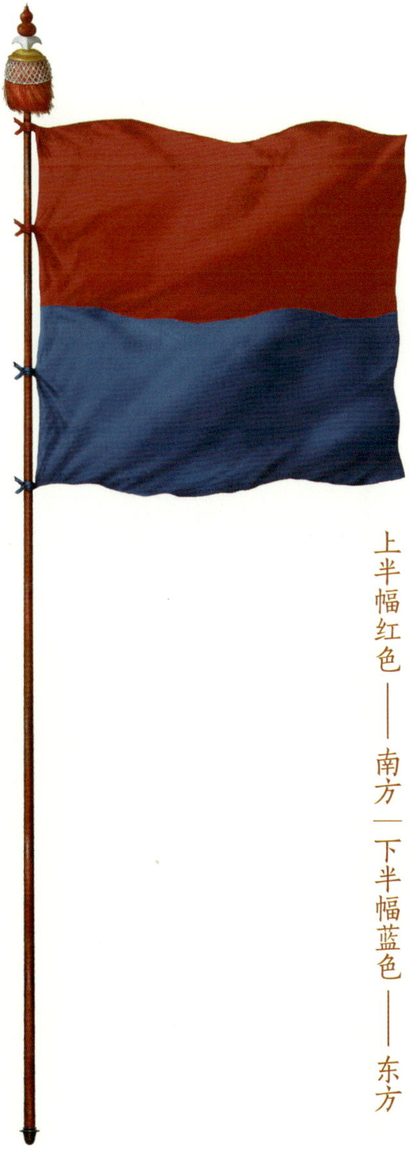

上半幅红色——南方｜下半幅蓝色——东方

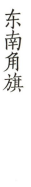

东北角旗

上半幅蓝色——东方—下半幅黑色——北方

北东角旗

上半幅黑色——北方—下半幅蓝色——东方

南西角旗

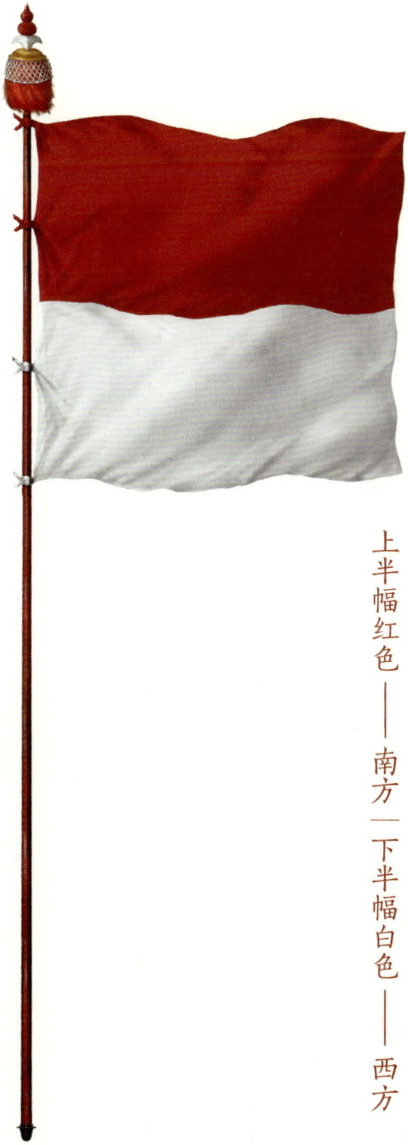

上半幅红色——南方｜下半幅白色——西方

西南角旗

上半幅白色——西方｜下半幅红色——南方

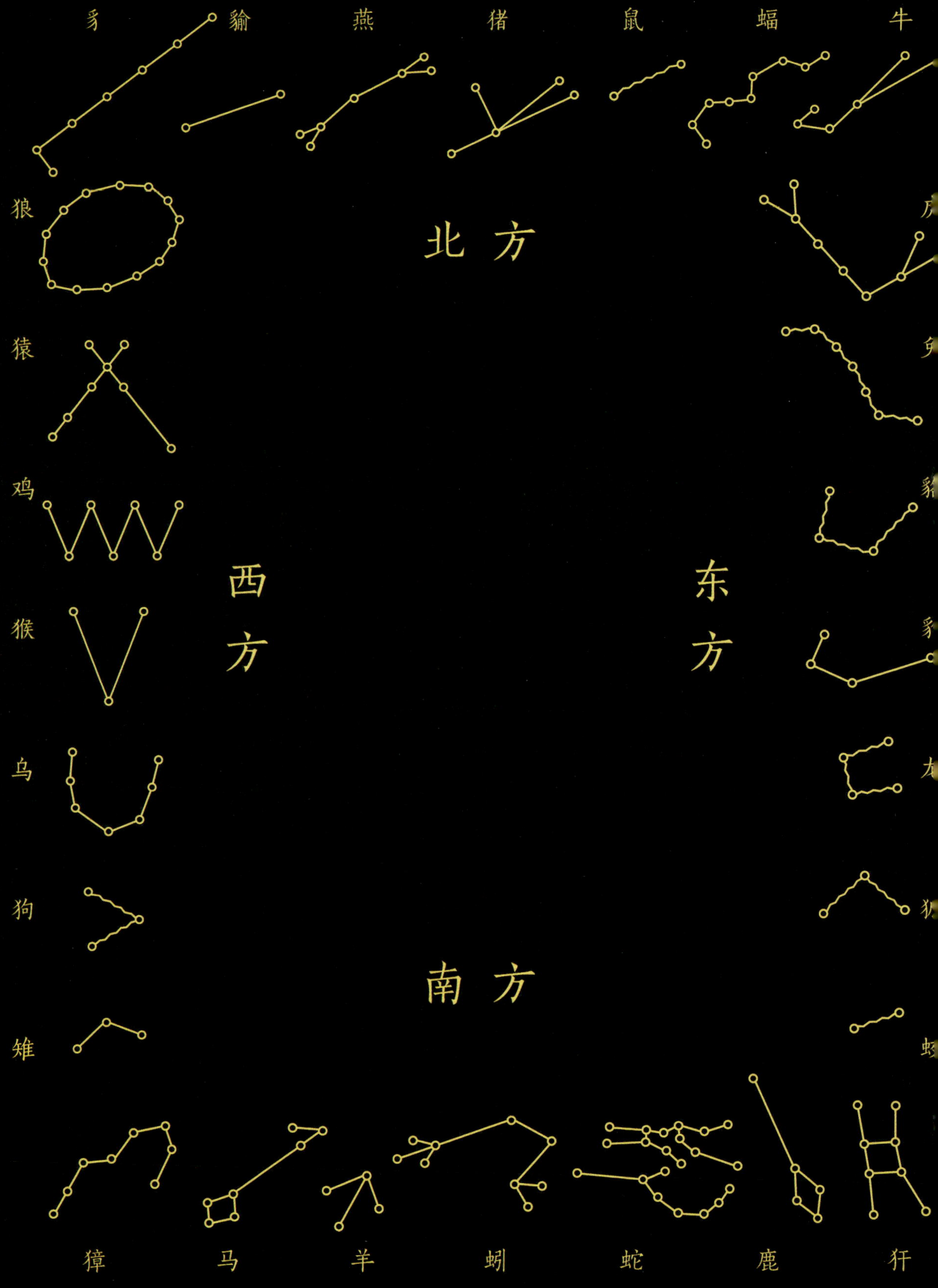
北方
貐
燕
猪
鼠
蝠
牛
豸
西方
狼
猿
鸡
猴
乌
狗
雉
东方
南方
獐
马
羊
蚓
蛇
鹿
犴

二十八宿真形旗

『吉星护航　瑞兽保驾』

二十八宿真形旗

二十八宿真形旗各一面。此后二十八宿形旗，凡出军立方向八门，使兵由之而出，则用。又凡遇出兵之日，所输胜宿，即以此旗领军。杆长一丈六尺，顶用缨络雉，边幅之色俱同，各照方向，方可六尺。

——《武备志》卷一百

《军资乘》，战五，旌旗二，第十一页

角木蛟旗

角宿——属木——东方

蛟，属于水中神兽，它既能驱逐水妖，又能呼风唤雨，寄寓一年四季风调雨顺，国泰民安。

吉星护航，瑞兽保驾

古时，在大海中航行分不清方向，可以通过观测北斗星来确定北方。这种通过观星来确认方向的技术在汉初就已出现，明代郑和下西洋时，夜间也通过观察星象来找寻方位。军事上也是如此，大军夜间出行观星望月，通过观察总结出二十八星宿位置，并把二十八个星宿符号与瑞兽形象一一对应，应用在旗幅上，创造出二十八宿真形旗。旗手带上这些星宿形旗，按照星宿对应的方位率军出发，指引方向。

二十八宿真形旗的杆首用珠络、缨穗、雉尾作为装饰，旗幅包含四种颜色，以四色应四方，旗心、旗边颜色相同，旗心图案由瑞兽与星宿对应，合计二十八面旗帜。

二十八宿的名称是由二十八星宿、阴阳五行、二十八瑞兽组成。如“角木蛟”，角为星宿名，木为阴阳五行之一，蛟为瑞兽。依此类推，具体内容对应如下。

亢金龙旗

亢宿——属金——东方

龙，在中国古代被人们称为天上神物，并深受人们崇拜，古时的统治者称为“真龙天子”，代表皇权，拥有最高的统治地位。

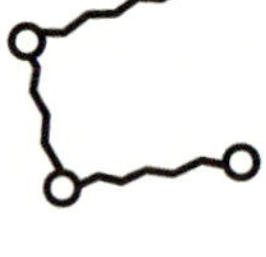

氐土貉旗

氐宿——属土——东方

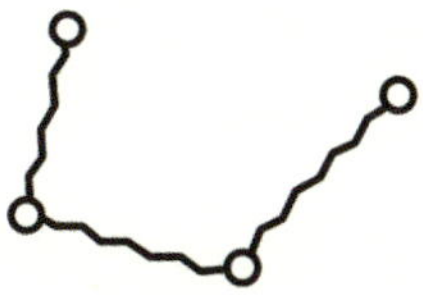

貉，古同“貊”，指的是一种野兽，其皮毛珍贵。

房日兔旗

房宿——属阳——东方

兔，其强大的繁殖能力寄寓生生不息的力量。

心月狐旗

心宿——属阴——东方

狐，也称为狐仙，备受人们崇拜，能为百姓增财保平安，为官员保官求安宁。

尾火虎旗

尾宿——属火——东方

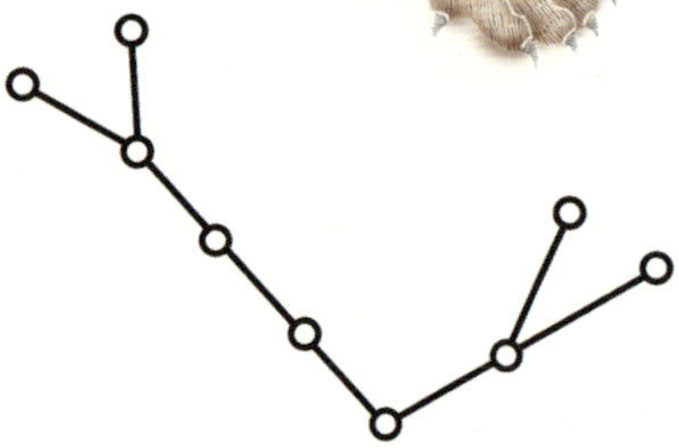

虎，其额头上的虎纹与“王”字相似，是身份和威严的象征，被称为百兽之王。因它凶猛能吃妖魔鬼怪，为人们辟邪驱鬼、保佑安宁，过去也被视为阳性的瑞兽。

箕水豹旗

箕宿——属水——东方

豹，与“报”同音，寄寓忠臣为报答君主以表忠心，尽心竭力地辅助君主统治天下。

斗木豸旗

斗宿——属木——北方

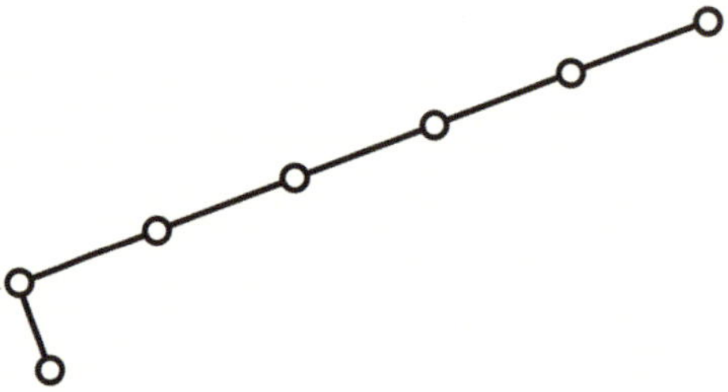

獬豸，一种奇珍异兽，传说性情正直，能分辨善恶，并用头上的触角撞击坏人，成为古代法制监督的化身，惩罚贪官和奸臣，象征司法的公正。

牛金牛旗

牛宿——属金——北方

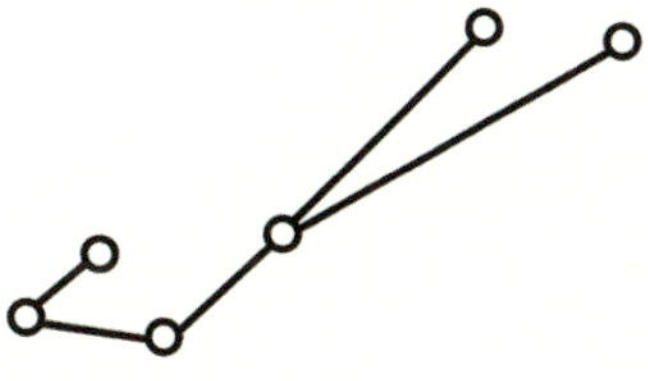

牛，吃苦耐劳、无私奉献，是人们在农耕活动中的得力助手，寄寓五谷丰登、六畜兴旺。

女土蝠旗

女宿——属土——北方

蝙蝠中的“蝠”与“福”同音，当蝙蝠飞进宅中，寄寓进福，福从天降。因此，它成为人们喜爱的吉祥物。

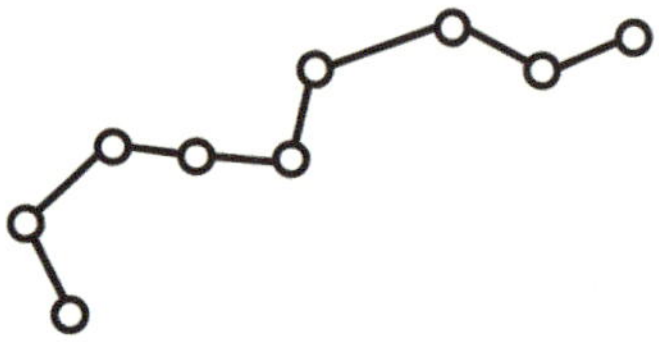

虚日鼠旗

虚宿——属阳——北方

鼠，繁殖力强，寓意是多子多孙，寄托人们对天伦之乐的向往。

危月燕旗

危宿——属阴——北方

燕，作为候鸟，象征春光美好，给人们带来希望。另外，燕子经常成双成对，共筑爱巢，所以人们也在诗、信中通过对燕子的描写，表达对比翼双飞的美好生活的向往。

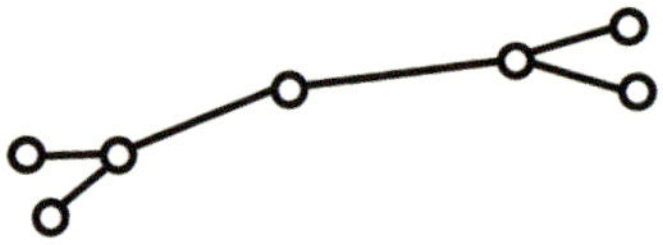

室火猪旗

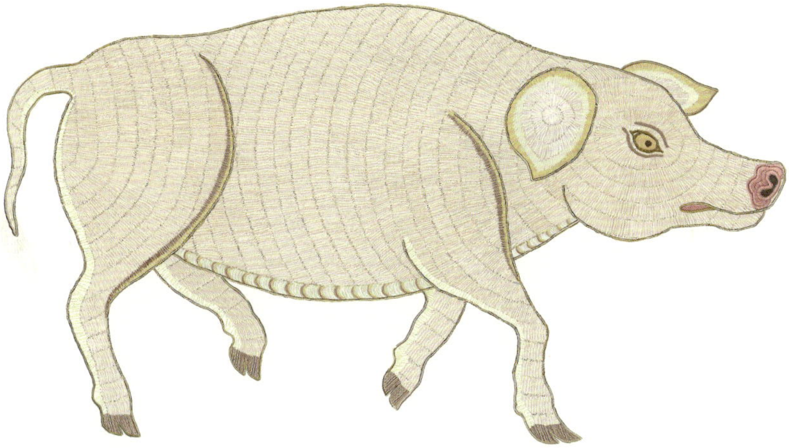

室宿——属火——北方

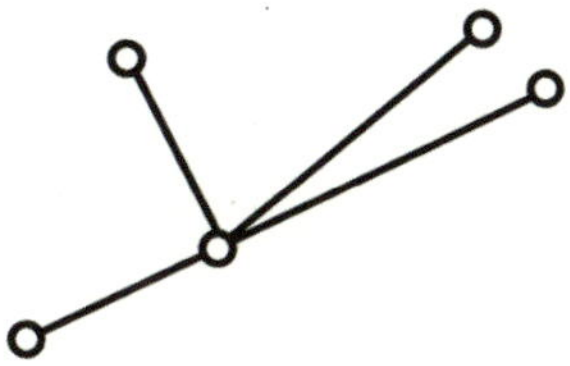

猪，浑身是宝，属于家畜之一，猪长得又肥又旺，代表财气也越来越好。

壁水貐旗

壁宿——属水——北方

貐，也称猰貐，是一种吃人的猛兽，坏人特别害怕它。人们把猰貐看作保护神，视其为瑞兽之一。

奎木狼旗

奎宿——属木——西方

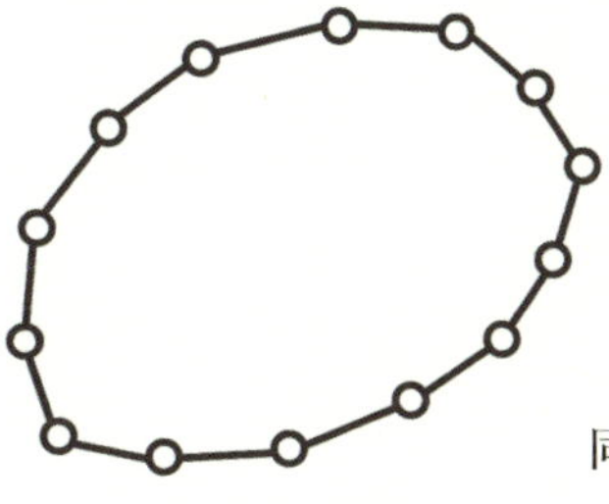

狼，在群体生活中大部分都是结伴而行，遇到困难时会与同伴团结，性情强悍勇猛，代表团队合作、不畏艰难的精神。

娄金狗旗

娄宿——属金——西方

狗，作为看守家门的门犬，对主人忠诚，能阻止盗贼进入家门，象征重情重义、机智勇敢、恪尽职守。

胃土雉旗

胃宿——属土——西方

雉鸡，也称为锦鸡，会誓死捍卫自己的领地，不会随便越界，象征着刚正不阿、忠心耿耿的品质。古时士大夫见面，使用雉鸡作为拜见礼物，代表廉洁奉公、光明磊落的品格。

昴日鸡旗

昴宿——属阳——西方

鸡，与“吉”谐音，寓意是吉祥。同时，鸡有五种传统美德：头戴鸡冠为文德；以鸡脚战斗为武德；与敌搏斗为勇德；见食呼应为仁德；准时鸣叫为信德。

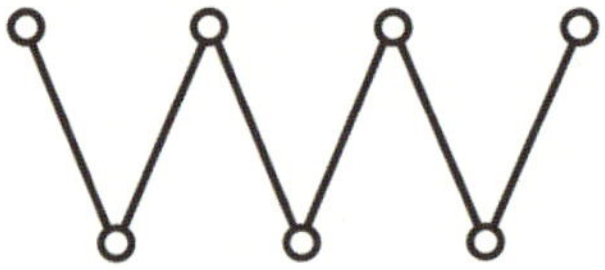

毕月乌旗

毕宿——属阴——西方

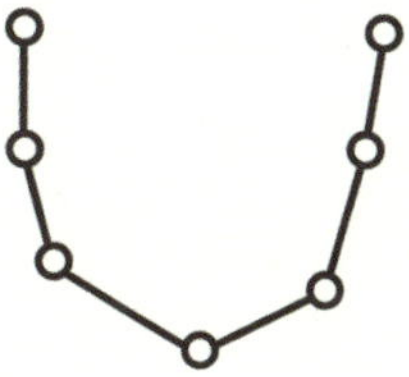

在唐代以前，乌鸦，被称为报喜鸟，流传“乌鸦报喜，始有周兴”的俗语，代表着乌鸦能预知未来。另外，在中国古代神话里，太阳中央有一只黑色的三足乌鸦，称为“金乌”。后世文人多用“金乌”指称太阳。

觜火猴旗

觜宿——属火——西方

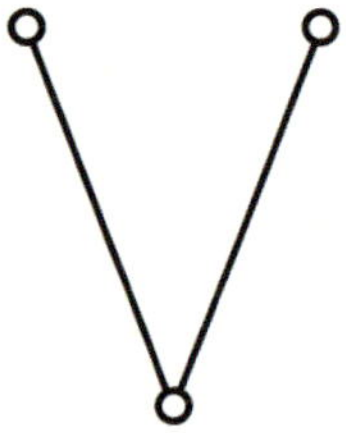

猴，古人以为能祛除马瘟，后来猴便成为人们祭拜的动物。另外，“猴”与“侯”读音相同，侯属于中国古代爵位之一，伴随着升官封侯现象的出现，猴也成为身份地位的象征。

参水猿旗

参宿——属水——西方

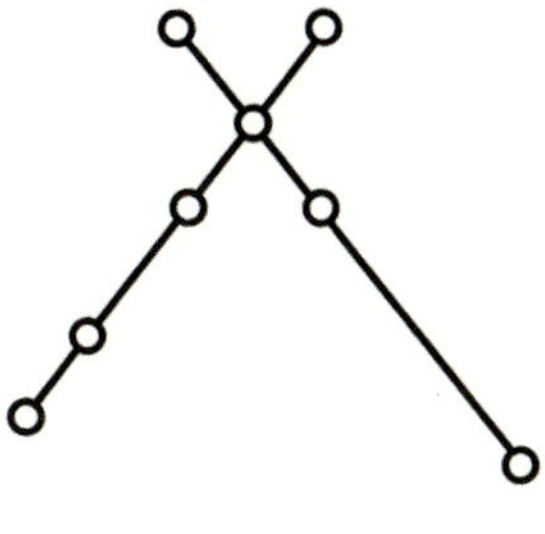

猿，过去被人们看作守护神，为百姓驱灾保平安。另外，古人认为猿猴满五百岁时就变成玃猴，而玃猴能活到一千岁，因此猿猴寄寓延年增寿。

井木犴旗

井宿——属木——南方

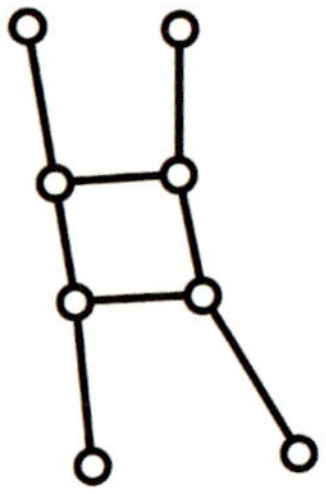

猰犴，性情正义勇猛，明辨是非。因此，猰犴成为牢狱或官衙门前的装饰。

鬼金羊旗

鬼宿——属金——南方

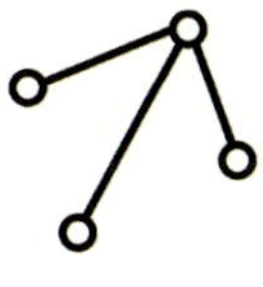

羊是一种温顺的动物。另外，古人认为“羊”与“祥”的意思相通，能为世间带来祥瑞。

柳土獐旗

柳宿——属土——南方

獐，天性敏锐，能躲避危险。古人把獐牙看作狩猎的功绩和身份的标志，獐牙因为象征勇敢，带来勇气，备受人们崇拜，同时人们将其作为护身符佩戴在身上，寄寓消灾解难，保护自己不受攻击。

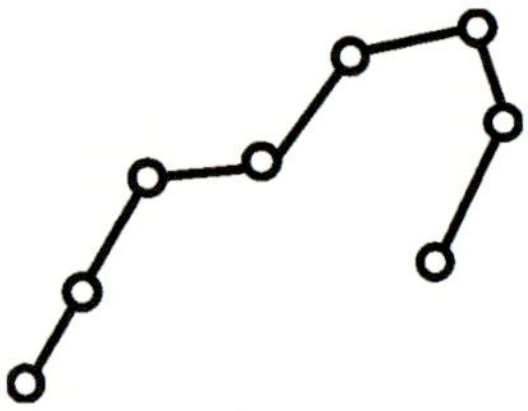

星日马旗

星宿——属阳——南方

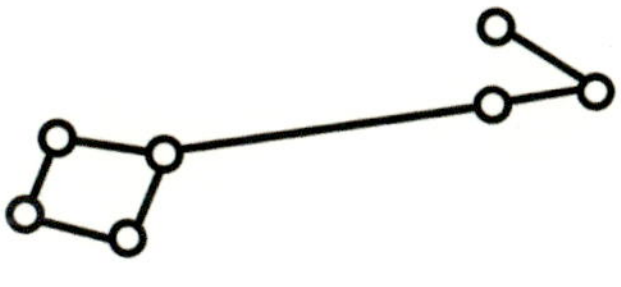

马，在古代象征自强不息、奋发向上的精神，也是人类的忠实伙伴，能与人征战沙场，保家护国。

张月鹿旗

张宿——属阴——南方

鹿，被古人称为神物，如掌管寿命的南极仙翁身骑仙鹿，寓意为长寿。另外，“鹿”与“禄”谐音，指官吏的俸禄，象征财富。

翼火蛇旗

翼宿——属火——南方

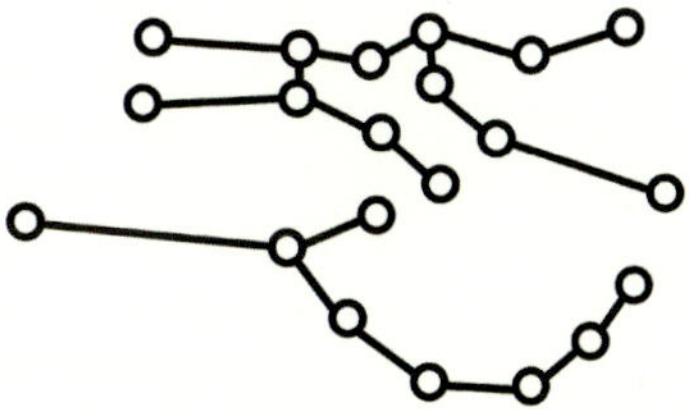

蛇，是龙的原形，也称为小龙。它作为保平安的神灵，象征吉祥。

轸水蚓旗

轸宿——属水——南方

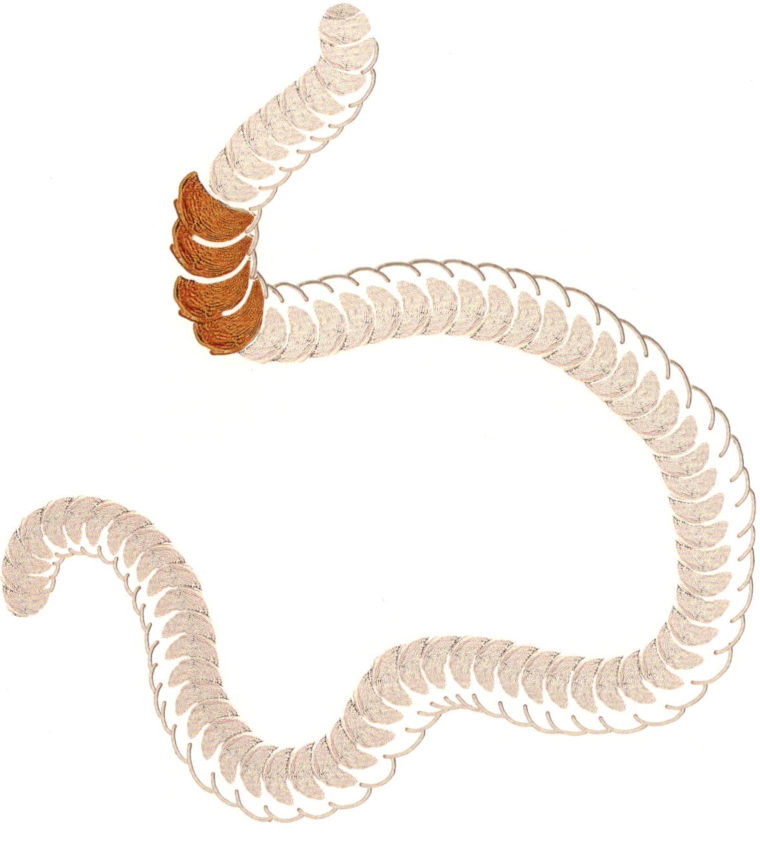

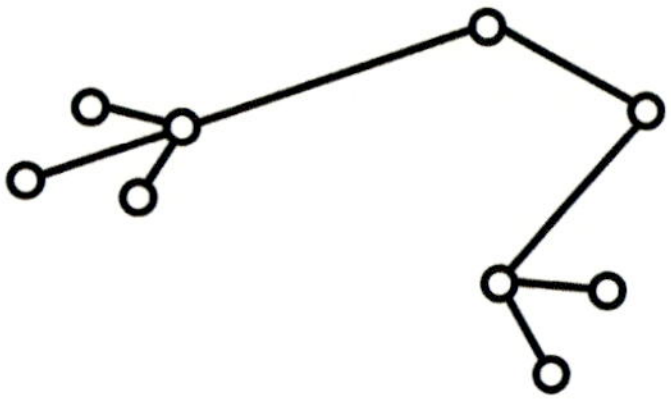

蚯蚓，只要有土和水就感到满足，别无所求，象征着廉洁的品质。

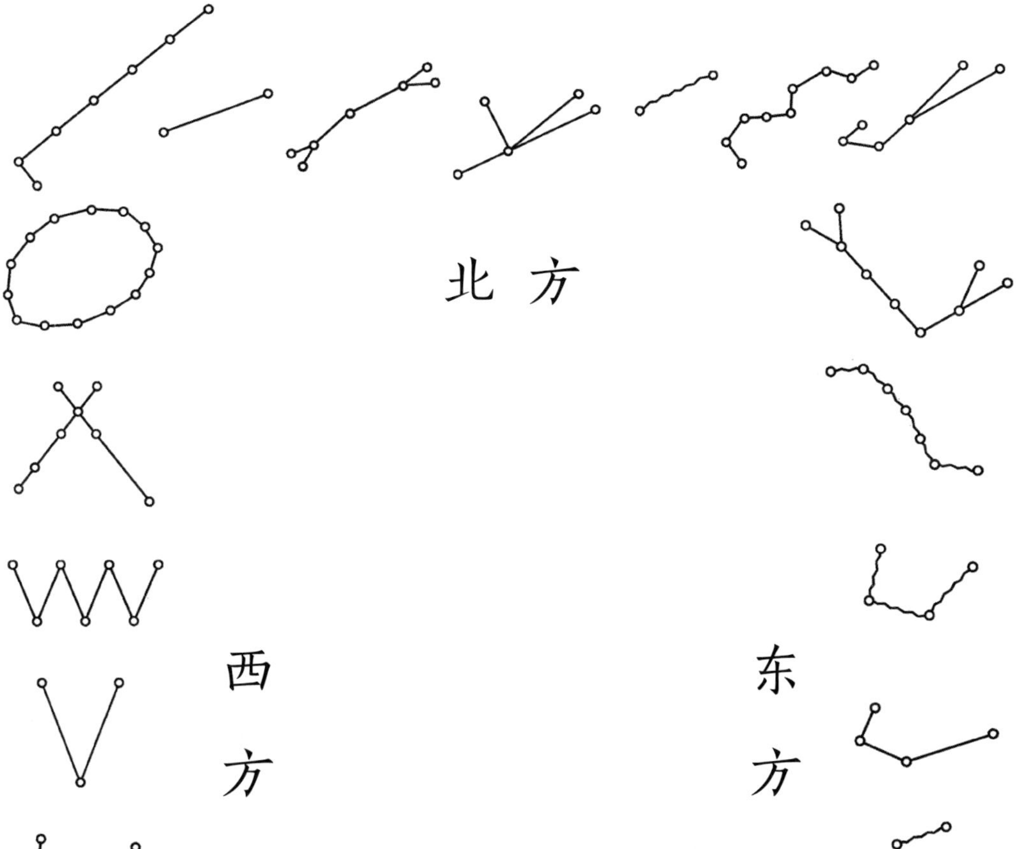

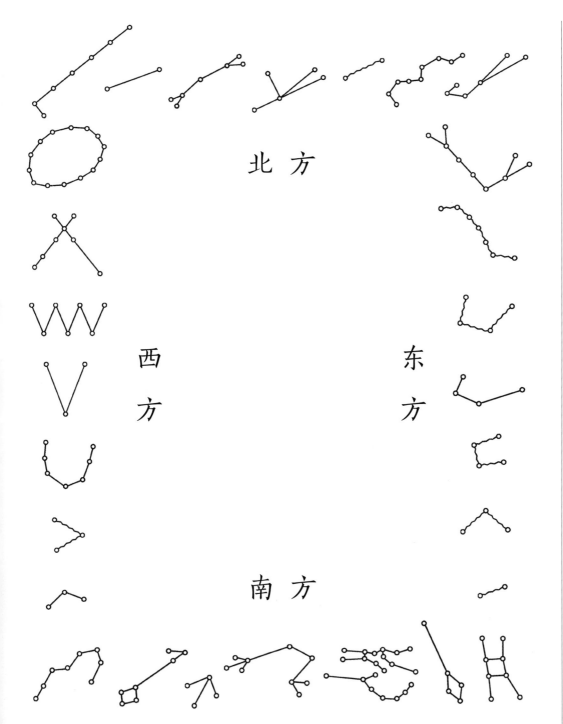

二十八宿方位图

二十八宿号带

『军阵雄雄　号带猎猎』

二十八宿号带

此带四方各照方色，并中大黄素带，俱悬坐纛上，以为四方之主。但可操而不可用于临阵，以其大而重也，杆无灯无铁，十字架悬之于顶。

——《武备志》卷九十九

《军资乘》，战四，旌旗一，第二十二页

荷叶状顶盖

荷叶状顶盖斜面图

荷叶状顶盖及旗幡

军阵雄雄，号带猎猎

正所谓众人拾柴火焰高，古代主将为了增强团队的凝聚力，提高军队的战斗力，非常注重操练。在操练场进行操演练习时，人数众多会挡住四周视线，难免出现士兵分不清方位的问题。因此，为了能让士兵看清方位，便于操练顺利进行，于是在操练场上竖立五面明显的标识物：二十八宿号带。

二十八宿号带属幡旗，旗身垂坠，旗头用荷叶状顶盖装饰，旗幅包含五色，对应五方，中央方位的号带为纯黄色，没有图案，其余号带的旗面图案由各方位的瑞兽组成，每面号带上有七只瑞兽，并以祥云点缀。

号带绘有代表二十八宿的瑞兽图案，对应四方位，因此名为“二十八宿号带”。其中，主将作为统率军队的四方之主，对应“中央号带”。这样一来，二十八宿号带在操练场上猎猎飞扬，既显主将威严，又能提振士气，使军队集中精神，好好训练，为与敌方的下一次交战严阵以待。

二十八宿来自星空的五宫，其中中宫靠近北极的区域，对应中央方位，而四宫为南宫、西宫、北宫、东宫，分别对应南

中央号带

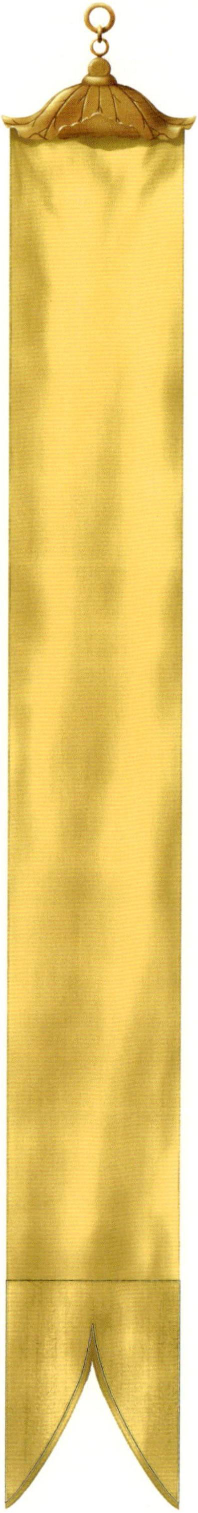

方、西方、北方、东方，分别衍生出七宿，最后形成二十八宿。

二十八瑞兽通过与二十八宿以及阴阳五行结合，组成了代表南西北东四宫的四面二十八宿号带。每一面号带对应的动物如下。

南方井鬼柳星张翼轸七宿真形号带——井木犴、鬼金羊、柳土獐、星日马、张月鹿、翼火蛇、轸水蚓。

西方奎娄胃昴毕觜参七宿真形号带——奎木狼、娄金狗、胃土雉、昴日鸡、毕月乌、觜火猴、参水猿。

北方斗牛女虚危室壁七宿真形号带——斗木豸、牛金牛、女土蝠、虚日鼠、危月燕、室火猪、壁水貐。

东方角亢氐房心尾箕七宿真形号带——角木蛟、亢金龙、氐土貉、房日兔、心月狐、尾火虎、箕水豹。

南方——井鬼柳星张翼轸七宿真形号带

从上至下

井木犴
鬼金羊
柳土獐
星日马
张月鹿
翼火蛇
轸水蚓

西方——奎娄胃昴毕觜参七宿真形号带

从上至下

奎木狼
娄金狗
胃土雉
昴日鸡
毕月乌
觜火猴
参水猿

北方——斗牛女虚危室壁七宿真形号带

从上至下

斗木豸
牛金牛
女土蝠
虚日鼠
危月燕
室火猪
壁水貐

东方——角亢氐房心尾箕七宿真形号带

从上至下

角木蛟
亢金龙
氐土貉
房日兔
心月狐
尾火虎
箕水豹

六丁六甲旗

『十二神将齐聚首　天干地支两映衬』

六丁六甲旗

此后六丁六甲旗十二面，用法与二十八宿旗俱同。此旗色照方向，边同大旗之色。杆长一丈三尺，旗方五尺，顶用缨头雉尾珠络。

——《武备志》卷一百《军资乘》，战五，旌旗二，第二十六页

甲子神将旗

子鼠——北方——水

十二神将齐聚首，天干地支两映衬

古人对世界的认知和理解非常宏观，体系感很强。出征前，会结合阴阳五行等认知世界的方法确定一套对战事最有利的方案，甚至连队伍出发时的方位、方向和时间也都有讲究，六丁六甲旗就是拥有这种功能的旗帜之一：根据十二地支来确定最有利的时间，并以六丁六甲旗作为标志，旗手便按照地支对应的方位，引领军队出行。

六丁六甲旗杆首饰以雉尾、缨穗、珠络，包含五色，对照五方位，旗心与旗边颜色相同，旗心图案为十二生肖神将，饰

丁丑神将旗

丑牛——中央——土

以勾线云纹。

十二生肖源于十二地支。古人为了让更多人了解十二地支，方便其记忆年份，便创立出十二生肖与十二地支体系，并颁布十二生肖纪年法，最后确定十二生肖形象，流传至今。十二生肖的形象深入人心，成为民俗文化的一部分，这为六丁六甲神将的创造奠定了基础。在道教神话中，六丁六甲本为司掌天干地支的武神，其中“丁”“甲”取自十天干，分别搭配十二地支，共十二位：六丁为丁卯、丁巳、丁未、丁酉、丁亥、丁丑，为阴神；六甲为甲子、甲戌、甲申、甲午、甲辰、甲寅，为阳神。传说六丁六甲为天帝役使，能“行风雷，制鬼神”。

十二生肖与六丁六甲神将的对应关系如下。

辰龙（甲辰神将）：备受崇拜的上古神兽，象征至高无上的皇权。

申猴（甲申神将）：象征显贵，驱瘟纳福。

卯兔（丁卯神将）、子鼠（甲子神将）：两者作为拥有强大生殖能力的动物，象征国运昌隆、生生不息。

巳蛇（丁巳神将）：象征长寿、柔韧。

寅虎（甲寅神将）：象征威严、权势、勇敢无畏，为人祈福辟邪。

未羊（丁未神将）、酉鸡（丁酉神将）、亥猪（丁亥神将）、丑牛（丁丑神将）、戌狗（甲戌神将）、午马（甲午神将）属于六畜，它们作为家养的动物与人类一起生活，象征吉祥美好、人丁兴旺。

甲寅神将旗

寅虎——东方——木

丁卯神将旗

卯兔——东方——木

甲辰神将旗

辰龙——中央——土

丁巳神将旗

巳蛇——南方——火

甲午神将旗

午马——南方——火

丁未神将旗

未羊——中央——土

甲申神将旗

申猴——西方——金

丁酉神将旗

酉鸡——西方——金

甲戌神将旗

戌狗——中央——土

丁亥神将旗

亥猪——北方——水

金鼓旗

『击鼓鸣金　进军收兵』

金鼓旗

金鼓旗一副，共二面。此用以引金鼓。杆高一丈二尺，缨头，雉尾珠络，旗素黄色，方六尺。黑布字，方二尺。

——《武备志》卷九十九

《军资乘》，战四，旌旗一，第七页

击鼓鸣金，进军收兵

金作为乐器，指由不同金属制成的钲、锣、钹等，它们的音色清脆响亮，作战时军队有“鸣金收兵”的说法，即军队用鸣金来代表撤退的指令，因此钲、锣、钹等乐器成为军队停止进攻、集合收队的指挥工具。而军鼓的音色浑厚低沉，鼓声一响起，军心振奋，士气高昂，鼓成为军队进攻的指挥工具。

在古代战争中，击鼓鸣金是进攻和收兵的号令，是极其重要的声音信号。所以，用以传递声音的金与鼓尤为重要，可以被视为具有统帅能力的乐器，一般在金鼓出现的位置，都会有金鼓旗相伴。一方面，用以在全军中标识金鼓位置；另一方面，交战时，双方的呐喊声和金鼓声混杂在一起，很容易导致指令难以清晰传达，这时视觉信号的传递起到重要的作用。古人结合金、鼓、旗三种元素，创造出金鼓旗，并设定相应的使用方式配合金鼓号令指挥军队前进、撤退以及出行、停止等军事行动。

金鼓旗旗幅为红黄搭配，旗心为素黄色，旗幅中央绣有黑色“金鼓”二字，杆首以雉尾、珠络、缨穗作为装饰。

参考文献

茅元仪.武备志[M].刻本.南京：莲溪草堂，1621（明天启元年）.

陈久金，杨怡.中国古代的天文与历法[M].北京：商务印书馆，1998.

陈彦青.观念之色：中国传统色彩研究[M].北京：北京大学出版社，2015.

单国强.织绣书画[M].上海：上海科学技术出版社，2005.

丁緜孙.中国古代天文历法基础知识[M].天津：天津古籍出版社，1989.

高春明.中国传统织绣纹样[M].上海：上海书画出版社，2005.

高扬文，陶琦，范中义等.戚继光研究丛书——纪效新书[M].北京：中华书局，2001.

何星亮.中国图腾文化[M].北京：中国社会科学出版社，1992.

胡汉生.从《纪效新书》和《练兵实纪》两书看戚继光所部明军的旗帜[C]//张显清.第十三届明史国际学术研讨会论文集.长沙：湖南人民出版社，2011.

湖北省博物馆.道生万物：楚地道教文物[M].北京：文物出版社，2012.

黄明延.中国旗帜图谱[M].北京：中国和平出版社，2003.

江晓原.星占学与传统文化[M].上海：上海古籍出版社，1992.

金维诺.永乐宫壁画全集[M].天津：天津人民美术出版社，2007.

刘操南.古代天文历法释证[M].杭州：浙江大学出版社，2009.

卢央.中国古代星占学[M].北京：中国科学技术出版社，2007.

戚继光.纪效新书[M].北京：中华书局，2001.

钱正盛，钱正坤.中华吉祥装饰图案大全——吉祥动物[M].上海：东华大学出版社，2006.

阙碧芬，范金民.明代宫廷织绣史[M].北京：故宫出版社，2015.

沈融.中国古兵器集成[M].上海：上海辞书出版社，2015.

王圻，王思义.三才会图[M].上海：上海古籍出版社，1988.

吴裕成.中国生肖文化[M].天津：天津人民出版社，2004.

肖立军.明代省镇营兵制与地方秩序[M].天津：天津古籍出版社，2010.

杨宽.中国古代冶铁技术发展史[M].上海：上海人民出版社，2004.

乙力.中国传统吉祥图案[M].兰州：兰州大学出版社，2004.

詹鄞鑫.八卦与占筮破解[M].郑州：中州古籍出版社，1991.

冯时.中国天文考古学[M].北京：社会科学文献出版社，2001.
张继禹.中国道教神仙造像大系[M].北京：五洲传播出版社，2012.
中国军事史编写组.中国历代军事制度[M].北京：解放军出版社，1987.
周正舒，徐金发.古代军旅常识[M].北京：军事科学出版社，1991.
宗凤英.中国织绣收藏鉴赏全集[M].长沙：湖南美术出版社，2012.
吴山.中国纹样全集（宋元明清卷）[M].济南：山东美术出版社，2009.
包诗卿.明代关羽信仰及其地域分布研究[D].开封：河南大学，2005.
卜祥伟.四灵信仰及其道教化探微[J].管子学刊，2014，(4)：48-52 .
蔡运章.铜干首考[J].考古，1987，(8)：745-748.
陈海生，金双平.明代军旗术语初探[J].西昌学院学报，2009，21(1)：9-11.
陈久金.阴阳五行八卦起源新说[J].中国哲学史，1986，(5)：15-30.
仇泰格.明代金银首饰研究[D].上海：上海社会科学院，2014.
邓彦峰.探索锦鸡在国画中的寓意[J].明日风尚，2016，(10)：118.
翟利军.汉文化十二生肖早期形成的历史学研究[D].桂林：广西师范大学，2016.
丁常云.道教与四灵崇拜[J].中国道教，1994，(4)：28-31.
费银银.我国古代军事信息传播研究[D].合肥：安徽大学，2013.
付曦.明清服饰中如意云纹的装饰艺术探析[J].中国包装工业，2015，(22)：65-66.
高歌.明代塘报及其特点初探[J].西北农林科技大学学报，2009，09(5)：129-134.
龚霞辉.中国鼠纹样在现代服装中的设计研究[J].纺织报告，2020，(1)：63-65.
郭红.明代的旗纛之祭——中国古代军事性祭祀的高峰[J].民俗研究，2013，(5)：90-96.
贺娟.论五行学说的起源和形成[J].北京中医药大学学报，2011，(07)：437-440.
黄建荣.试论十二生肖文化的哲学基础——中华民族十二生肖探源之二[J].海南师范大学学报，1998，(4)：76-80.
贾艳红.汉代的四灵信仰——从天之四宫到住宅(墓门)守护神[J].济南大学学报，2003，13(1)：24-26.
孔路路.宋代旗帜研究[D].开封：河南大学，2016.
梁慧颖，周小儒.浅谈狴犴形象中蕴含的文化内涵[J].艺术科技，2017，(10)：427.

刘丽.中国吉祥图案的衍变及其文化意蕴探究[D].长春：吉林艺术学院，2007.
潘顺安.五行的起源及其在传统文化中的意义[J].广西教育学院学报，1999，(4)：110-113.
乔娜.茅元仪《武备志》探析[D].北京：中国社会科学院，2014 .
秦建明.中国古代旗帜的方色[J].中学历史教学参考，2011，(6)：17-18.
任方冰.明代旗纛祭祀及其用乐[J].音乐研究，2012，(4)：33-41.
任凯.秦汉魏晋旗制初探[D].西安：陕西师范大学，2011.
苏利平.道教雷部神真“十大元帅”图像艺术研究与创新实践[D].成都：四川师范大学，2015.
王冬梅，赵志强.从古文献看中国古代的旗帜[J].兰台世界，2009，(5)：78.
王锋旗.关羽形象：从历史到艺术演变的研究[D].南昌：南昌大学，2008.
王世香.从图像学角度看财神赵公明信仰的衍变历程[J].艺术探索，2012，(6)：31-40.
王先好.论狗的文化形象与意义[J].山东农业工程学院学报，2016，(4)：165-166.
王绎茗.梦回西陵，灯影阑珊——西兴灯笼的千年轮回[J].海内与海外，2019，(1)：56-58.
王永波.獐牙器——原始自然崇拜的产物[J].北方文物，1988，(4)：22-29.
王玉.五行五色说与中国传统色彩观探究[J].美术教育研究，2012，(21)：31-33.
王玉姣.明代锦鸡画的研究[D].合肥：安徽大学，2014.
吴雪景.中国古代军旗的功用[J].军事史林，2012，(6)：42-46.
徐胭胭.璎珞——以北朝至唐朝前期莫高窟菩萨璎珞为中心[D].北京：北京服装学院，2011.
许保林.《武备志》初探[J].军事历史研究，1988，(1)：166-171.
薛雁.明代丝绸中的四合如意云纹[J].丝绸，2001，(6)：44-46.
扬之水.牙与旗幡[J].中国历史文物，2002，(1)：16-26 .
杨炳昆.八卦起源新说——《周易》本义之一[J].中华文化论坛，1996，(3)：83-89.
张桂琴.中国文学塑造中狼意象的演变及其文化内涵变迁[J].成都理工大学学报，2016，(1)：91-95.

张珊珊.生肖文化的起源及其发展过程[D].北京：北京语言大学，2007.

赵娜.茅元仪《武备志》研究[D].武汉：华中师范大学，2013.

赵娜.茅元仪《武备志》与戚继光著述关系考[J].河南师范大学学报，2012，39(3)：141–144.

赵艳.道教“六丁六甲”神真图像研究及其创新设计[D].成都：四川师范大学，2015.

王陈.中国传统葫芦形造型艺术研究[D].苏州：苏州大学，2011.

钟俊昆，曾晓林.獬豸：图像象征的来源与意义[J].中华文化论坛，2015，3(3)：64–66.

周士琦.“螣蛇”会飞之谜[J].文史杂志，1996，(1)：56–58.